10 LIÇÕES SOBRE CARL SCHMITT

Dados Internacionais de Catalogação na Publicação (CIP)
(Câmara Brasileira do Livro, SP, Brasil)

Almeida Filho, Agassiz
   10 lições sobre Carl Schmitt / Agassiz Almeida
Filho. – 2. ed. Petrópolis, RJ: Vozes, 2014 – (Coleção
10 lições)
   Bibliografia.

   1ª reimpressão, 2020.

   ISBN 978-85-326-4701-6

   1. Direito – Filosofia 2. Filosofia alemã
3. Política – Filosofia 4. Schimitt, Carl, 1888-1985 –
Crítica e interpretação I. Título. II Série.

13-11184   CDD-193

Índices para catálogo sistemático:
   1. Filosofia alemã   193

Agassiz Almeida Filho

10 LIÇÕES SOBRE CARL SCHMITT

EDITORA
VOZES

Petrópolis

© 2014, Editora Vozes Ltda.
Rua Frei Luís, 100
25689-900 Petrópolis, RJ
www.vozes.com.br
Brasil

Todos os direitos reservados. Nenhuma parte desta obra poderá ser reproduzida ou transmitida por qualquer forma e/ou quaisquer meios (eletrônico ou mecânico, incluindo fotocópia e gravação) ou arquivada em qualquer sistema ou banco de dados sem permissão escrita da editora.

CONSELHO EDITORIAL

Diretor
Gilberto Gonçalves Garcia

Editores
Aline dos Santos Carneiro
Edrian Josué Pasini
Marilac Loraine Oleniki
Welder Lancieri Marchini

Conselheiros
Francisco Morás
Ludovico Garmus
Teobaldo Heidemann
Volney J. Berkenbrock

Secretário executivo
João Batista Kreuch

Editoração: Fernando Sergio Olivetti da Rocha
Diagramação: Sheilandre Desenv. Gráfico
Capa: Célia Regina de Almeida
Ilustração de capa: Omar Santos

ISBN 978-85-326-4701-6

Editado conforme o novo acordo ortográfico.

Este livro foi composto e impresso pela Editora Vozes Ltda.

Dedico este livro a todos aqueles que acreditam no diálogo político.

Sumário

A modo de introdução, 9

Primeira lição – Os escombros da era liberal, 15

Segunda lição – Realismo político, 25

Terceira lição – A era das neutralizações e das despolitizações, 35

Quarta lição – Pessimismo antropológico, 49

Quinta lição – O político e o antagonismo amigo/inimigo, 57

Sexta lição – Em torno da unidade: os caminhos da decisão política, 71

Sétima lição – O conceito de Constituição, 79

Oitava lição – Democracia da identidade, 89

Nona lição – O soberano e o caso excepcional, 99

Décima lição – Teologia política, 107

Conclusões, 113

Referências, 117

A MODO DE INTRODUÇÃO

Cabedelo, 7 de abril de 2013.

Prezado leitor,

Sempre considerei fascinantes as tentativas de compreensão do fenômeno político e de outros aspectos públicos da vida em comunidade. Se você está com este livro nas mãos, provavelmente compartilha comigo o interesse por este campo de estudos. Desde cedo, estamos acostumados com ideias como Estado, Política, segurança pública, normas morais, a existência de leis etc. Contudo, tais ideias são o resultado concreto de um esforço que tem suas origens nas mais remotas organizações humanas. A Política e o Direito que conhecemos na atualidade representam o acúmulo de um patrimônio cultural indispensável para que os indivíduos possam relacionar-se de forma a produzir a menor quantidade possível de danos uns aos outros. É por causa disso que o estudo do pensamento de autores como Carl Schmitt tem sentido; seu foco é o enfrentamento entre as pessoas e entre os grupos políticos. E, no final das contas, o Direito e a Política lidam com certos tipos de incompatibilidade entre os indivíduos e com os conflitos que resultam dessa realidade. Precisamos lidar com esses "desencontros" se quisermos proteger a liberdade, a igualdade e a realização da pessoa humana.

Todos sabemos que Carl Schmitt é um autor autoritário. Ele também filiou-se ao Partido Nacional-Socialista. É verdade. Mas será que a belicosidade humana ou a tendência para o conflito que Schmitt aponta na sua obra realmente não existem? Os nazistas foram os únicos na história a utilizar práticas desumanas no uso da violência coletiva? E as guerras de religião na Europa moderna? E a prisão de Guantânamo? E as guerras civis no continente africano? Todas estas realidades são terríveis e oferecem uma prova contundente de que os seres humanos realmente são capazes dos atos mais atrozes e que vivem constantemente em conflito. O interesse que desperta a obra de Carl Schmitt está ligado à compreensão desse mundo hostil, no qual o atrito entre as pessoas aparece como uma característica sempre presente. Não pense, leitor, que Carl Schmitt pode oferecer as bases para o modelo de vida social que buscamos hoje, onde o regime democrático e os direitos fundamentais procuram assegurar a dignidade dos seres humanos. De fato, para isso a obra de Carl Schmitt não serve.

Não sejamos hipócritas. Não venha me dizer que devemos esquecer Carl Schmitt porque ele foi ligado ao nazismo ou porque a adoção do seu pensamento conduz inevitavelmente a uma ditadura. Você mesmo às vezes se flagra com medo ou com raiva das crianças que vivem nas ruas, gostaria, em alguns casos, que as forças de segurança apertassem o máximo possível os menores infratores ou os viciados em *crack* que circulam pelas cidades do Brasil. E nossos presídios? Não há dúvidas de que em geral você não se importa com aqueles que se "hospedam" neles, como não há dúvidas também de que o tratamento dado aos detentos normalmente é desumano, ilegal e incompatível com a democracia. Mas os presos são maculados socialmente e nós todos, com poucas exceções, não nos incomodamos com a existência habitual de tratamento desumano ou degradante no ambiente carcerário. Não se sinta mal. As pessoas se habituam com a degradação do outro, principalmente quando ele apresenta algum tipo de estigma social, como no caso dos condenados brasileiros ou dos judeus na Alemanha nazista. Necessitamos estar alertas e forjar mentalidades democráticas e tolerantes para que isso não aconteça. E se fôssemos fazer julgamentos morais, ninguém leria, por exemplo, Schopenhauer, Dostoievski, Heidegger ou Jean-Paul Sartre.

Schmitt mostra o que há de pior nas pessoas e acredita na relação entre a Política e a imposição. Às vezes, ele nos leva ao desconcerto, pois não raramente a Política, mesmo no ambiente democrático, segue caminhos escuros que escondem o uso da força baseado na própria força. A história comprova, a título de ilustração, que Abraham Lincoln só conseguiu aprovar a 13ª Emenda à Constituição norte-americana, abolindo a escravidão, através de vários estratagemas muito mais ligados ao ambiente da Guerra Civil – ameaças, negociatas com cargos, pressão política etc. – do que nas prescrições do Estado de Direito. Na nossa história recente há máculas que pairam sobre os governos FHC (as negociatas por trás da emenda da reeleição) e Lula (o escândalo do Mensalão) e que podem apontar para os caminhos escuros antes mencionados. De uma forma ou de outra, Schmitt escreve sobre isso, sobre a realidade descarnada do poder político, sem vínculos morais – apesar de a Política em Carl Schmitt ser ligada a um conteúdo específico – ou dependência em relação ao Direito. Isso não quer dizer que a Política de fato seja como ele descreve. Há modelos explicativos mais próximos da realidade, propostos por autores como Aristóteles, Maquiavel, Hannah Arendt etc. Mas a tendência de fugir para uma Política marcada pelo conflito e pela falta de consenso é algo que o século XX e a história como um todo demonstraram à exaustão.

Este pequeno livro traz as informações básicas para que você entenda o pensamento de Carl Schmitt. Em dez breves lições, que tratam do seu perfil biográfico, passando pelo conceito do político ou por sua teoria da democracia, você poderá compreender como as ideias de Carl Schmitt tiveram impacto na época em que ele as desenvolveu. A leitura da sua obra é uma viagem até o mais sombrio da natureza humana (a intenção de aniquilar o outro) e um retorno à realidade europeia de princípios do século passado, com todo o complexo cenário que antecedeu a Segunda Guerra Mundial. Não trago novidades. Meu propósito é plantar a semente da curiosidade e levá-lo à leitura de Carl Schmitt e dos pensadores que forjaram o nosso modo de vida. Afinal, ninguém é capaz de entender a si mesmo se não souber como funciona o mundo à sua volta.

Primeira lição

Os escombros da era liberal

O ato de biografar é quase sempre arbitrário, pois o biógrafo seleciona, segundo seus próprios critérios, aqueles elementos que julga mais relevantes para descrever a vida do biografado. É possível ressaltar as relações que ele teve no âmbito familiar; suas origens sociais podem ser escolhidas para explicar o modo como ele se formou e atuou na vida pública; as influências intelectuais que recebeu durante a infância também podem ser importantes para descrever o seu percurso profissional ou pessoal. São muitas as possibilidades.

No caso de Carl Schmitt, e tentando fugir da arbitrariedade, podemos apontar pelo menos dois fatores decisivos para a formação da sua personalidade e do modo como ele compreendia o mundo: a instabilidade política que sacudiu a Europa durante os seus anos de juventude e a decadência concreta do Estado Liberal. Carl Schmitt foi um crítico mordaz do liberalismo e dos valores que este proclamava, estruturalmente incompatíveis com o antagonismo amigo/inimigo (Quinta lição) e com o modo de Schmitt entender o homem e a sociedade. Mas como, em linhas grosseiras, caracterizava-se o liberalismo? Comecemos nossa caracterização do liberalismo com um trecho de uma estória bastante conhecida:

Na Holanda, fugindo de um horrendo teatro de guerra, Cândido, personagem de Voltaire, depara-se com um orador que discursava entusiasticamente sobre a identidade entre o papa e o anticristo. Hostilizado por desconhecer o assunto, Cândido recebeu apoio de um anabatista chamado Tiago, que "viu a maneira ignominiosa como era tratado um de seus irmãos, um ser com duas pernas e sem penas, que tinha uma alma. Levou-o para casa, limpou-o, deu-lhe pão e cerveja, presenteou-o com dois florins e quis até ensiná-lo a trabalhar na sua manufatura de tecidos da Pérsia que são fabricados na Holanda. Cândido, quase prostrando-se diante dele, exclamou:

– Mestre Pangloss bem que me disse que tudo é o melhor possível neste mundo. E estou infinitamente mais tocado com vossa extrema generosidade do que com a dureza deste senhor de casaco preto (o orador que o agride) e da senhora sua esposa.

No dia seguinte, passeando, Cândido reencontrou um indigente coberto de pústulas, os olhos mortos, a ponta do nariz corroída, a boca retorcida, os dentes negros, a voz gutural, atormentado por uma tosse violenta e escarrando um dente a cada esforço"[1].

Naturalmente, a ingenuidade de Cândido é levada às últimas consequências pela pena de Voltaire. Contudo, respeitada a distância que separa a crítica voltaireana ao otimismo rasteiro, de um lado, das últimas décadas do século XIX, de outro, a visão de Cândido sobre "o melhor possível neste mundo" pode se assemelhar à forma como o homem liberal, influenciado pelo movimento romântico, relacionava-se com o universo ao seu redor. O otimismo típico do mundo liberal negava-se a ver o indigente e suas pústulas, símbolos das dificuldades enfrentadas pelo Estado Liberal e seu modelo de organização social[2]. E quando finalmente os liberais olharam para eles, o indigente já havia morrido.

---

1. VOLTAIRE. *Cândido ou o otimismo*. Porto Alegre: L&PM, 1998, p. 15.

2. Referindo-se ao Romantismo, Bertrand Russell (*História da Filosofia Ocidental*. 3. ed. São Paulo: Companhia Editora Nacional, livro quarto, 1969, p. 220) também escreve sobre a ingenuidade do mundo liberal: "Os pobres, na imaginação dos que cultivavam a sensibilidade, sempre tinham alguns acres paternos e viviam dos produtos do seu próprio trabalho, sem necessidade de comércio com os demais. É verdade que estavam sempre perdendo os seus acres em circunstâncias patéticas, porque o velho pai não podia mais trabalhar, os encantos da encantadora irmã já estavam em declínio e o malvado usurário, ao qual as terras estavam hipotecadas, ou o perverso lorde, estavam prestes a lançar-se sobre os acres ou a virtude da irmã".

Foi preciso um funeral de quatro anos (1914-1918) para sepultá-lo. Mal feitas as exéquias, contudo, impôs-se a necessidade de enterrá-lo novamente, desta vez em meados do século (1939-1945), com a mesma brutalidade que em geral se registra nesse tipo de cerimônia fúnebre.

Mas por que tudo isso aconteceu? A era liberal, diretamente influenciada pelos valores (ou por parte deles) da Ilustração e do Romantismo, era o resultado político, social e econômico de um relativo processo de emancipação do indivíduo, uma era de prosperidade industrial e fé nas instituições e no progresso da humanidade. O mundo liberal é herdeiro do século XVIII. No plano político, o Estado Liberal inaugura um período de crença na capacidade humana de encontrar a felicidade por meio dos próprios esforços individuais. Entre outros aspectos, isso fortaleceu a ideia de que o Estado não deveria interferir na dinâmica social, salvo para garantir segurança e proteger a esfera das decisões individuais. Os espaços ocupados pelo Estado e pela sociedade se tornam diferentes. Pouco a pouco as distorções econômicas e sociais se convertem em estrangulamentos políticos que não demoram a minar os alicerces do Estado Liberal. E todas estas enfermidades foram herdadas pelo século XX, que, não tendo às mãos um remédio eficaz para tratá-las, quase mata o doente antes de encontrar (se é que conseguiu fazê-lo) as causas da doença.

Schmitt nasce entre *os escombros da era liberal*, em 1888, numa pequena cidade denominada Plettenberg, localizada na região protestante da Vestfália. Sua família era católica. Desde cedo, portanto, Schmitt habituou-se à realidade do enfrentamento entre forças religiosas contrárias, modelo político e espiritual daquilo que depois viria a significar o seu antagonismo amigo/inimigo. Em 1907, e apesar da sua origem humilde, Schmitt começa a cursar Direito em Berlim, transferindo-se, logo depois, para Munique, de onde sairia para concluir os seus estudos em Estrasburgo. O ano é 1910 e Schmitt se forma com um trabalho sobre os delitos e as modalidades delitivas[3].

É nos anos da República de Weimar (1919-1933) que Schmitt escreve algumas das suas obras mais importantes: *Romantismo político* (1919), *A ditadura* (1921), *Teologia política* (1922), *Sobre o Parlamentarismo* (1923), *O conceito do político* (1927), *Teoria da Constituição* (1928), *O defensor da Constituição* (1931) e *Legalidade e legitimidade* (1932). Nessa fase, ele dedica-se à vida universitária. Em 1921, foi nomeado professor de Direito Público da Universidade de Greifswald, onde permaneceu por menos de um semestre, transferindo-se

---

3. Os próximos parágrafos correspondem à transcrição do que escrevemos sobre a biografia do autor alemão em Carl Schmitt e o antagonismo político. In: *Novo Manual de Ciência Política*. São Paulo: Malheiros, 2008, p. 463ss.

depois para a Universidade de Bonn, ocupando a vaga deixada por Rudolf Smend na Faculdade de Direito. Poucos anos depois, em 1928, parte para Berlim com a finalidade de suceder Hugo Preuss na Escola de Administração e Negócios. Foi nessa época que Schmitt conheceu Johannes Popitz, Ernst Jünger, Walter Benjamin e Hans Kelsen.

Durante a República de Weimar, fixou-se "a obsessão de Schmitt pela possibilidade de crise e fragmentação do Estado alemão"[4]. Inspirado por essa possibilidade, "o autor de Plettenberg situa-se entre os juristas de Weimar como um pensador que compreende o destino alemão como o epílogo contínuo de uma tragédia nacional. Sua forma de ver as coisas parece apontar para um fatalismo político que empurra a Alemanha em direção a um inevitável antagonismo amigo/inimigo"[5]. Na prática, a República de Weimar era uma espécie de grande caos convivencial, terreno fértil para a análise de um pensador que toma o existencial como ponto de partida do fenômeno político.

De acordo com Habermas, "Carl Schmitt padecia claramente de uma patológica incapacidade para reconhecer as proporções do ocorrido (durante

---

4. MACEDO JÚNIOR, R.P. *Carl Schmitt e a fundamentação do Direito*. São Paulo: Max Limonad, 2001, p. 27.

5. ALMEIDA FILHO, A. *Fundamentos do Direito Constitucional*. Rio de Janeiro: Forense, 2007, p. 22.

a ditadura nacional-socialista) e o próprio papel que ele havia desempenhado em tudo isso"[6]. Esse ponto de vista – que não deixa de ser equivocado – parece encontrar um Carl Schmitt afastado da práxis, incapaz de entender os vários níveis de enfrentamento e radicalização de que são capazes os grupos políticos na sua luta pelo poder. Aparentemente, a crítica habermasiana prende-se à figura humana de Carl Schmitt, deixando de lado a teoria do antagonismo político, a democracia da identidade, a exclusão do diferente, os vários postulados teóricos de quem talvez tenha sido o pensador autoritário mais criativo do século XX. Talvez Habermas esperasse de Carl Schmitt uma condenação moral do nacional-socialismo. Mas como mesclar moral e Política no caso de um autor que parte da realidade – interpretada à sua maneira, naturalmente – e do pessimismo antropológico para a construção do seu pensamento político?

Ao contrário do que se pensa, a relação de Carl Schmitt com o nacional-socialismo não chegou a aprofundar-se. Schmitt não foi o ideólogo do movimento, nunca chegou a encontrar-se com Hitler, além de ter sido fortemente hostilizado pelo partido após 1936. De fato, Schmitt filiou-se ao Partido Nacional-Socialista em 1933 – mais por oportu-

---

6. HABERMAS, J. *Más allá del Estado Nacional*. Madri: Trotta, 1997, p. 131.

nismo do que por identidade pessoal – e realizou vários projetos legislativos para o regime; também era ligado a figuras como Göring, além de ter conseguido permanecer como professor da Universidade de Berlim até o fim da Segunda Guerra Mundial. Contudo, apesar das muitas tentativas para tornar-se homem de confiança do partido, sua proximidade com o regime de Hitler não passava de uma fantasia. Schmitt "nunca deixou de ser suspeito para quase todos os hierarcas nazistas: seu catolicismo, a amizade com personalidades judias, sua firmeza na ciência. No verão de 1936, o Serviço de Segurança do Estado instaura sindicância contra Schmitt e começa uma investigação sobre a sua pessoa e atividades [...]; a carreira de Carl Schmitt no regime nacional-socialista havia terminado"[7].

Com o fim da guerra, Schmitt foi preso em um campo de concentração em Berlim. Transferido para Nuremberg em 1947, foi julgado inocente de envolvimento ativo com o nacional-socialismo. "Anos depois, Schmitt teve oportunidade de narrar suas experiências carcerárias, autodefinindo-se como vítima 'dos modernos métodos de criminalização', característicos dos princípios da 'guerra justa' unilateralmente definidos pelos vencedores da con-

---

7. HERRERO LÓPEZ. M. *El nomos y lo político*: la Filosofía Política de Carl Schmitt. Pamplona: Eunsa, 1997, p. 2.

tenda"[8]. Passou os últimos anos de sua longa vida em Plettenberg, numa espécie de exílio intelectual quebrado apenas por breves viagens e pelas visitas que recebia em sua casa. Num mundo traumatizado pelo autoritarismo que imperou no século XX não havia lugar para Carl Schmitt. As tendências democráticas e a descolonização, a busca incessante pela dignidade humana, os ventos da liberdade política embalaram o tumultuado crepúsculo do milênio. Schmitt morre em 1985. Mas seu legado teórico permanece. Sempre que alguém ou algum grupo político tentar impor a sua vontade, sempre que a democracia e o Estado de Direito forem atropelados pela decisão do mais forte, viverá a ideia de que, em nome do poder, às vezes os homens optam por enfrentar-se como amigos e inimigos.

---

8. GONZÁLEZ CUEVAS, P.C. *La tradición bloqueada* – Tres ideas políticas en España: el primer Ramiro de Maeztu, Charles Mauras y Carl Schmitt. Madri: Biblioteca Nueva, 2002, p. 205.

Segunda lição

Realismo político

"Todos reconhecem o quanto é louvável que um príncipe mantenha a palavra empenhada e viva com integridade e não com astúcia. Entretanto, por experiência, vê-se, em nossos tempos, que fizeram grandes coisas os príncipes que tiveram em pouca conta a palavra dada e souberam, com astúcia, enredar a mente dos homens, superando, enfim, aqueles que se pautaram pela lealdade. [...] Devemos, pois, saber que existem dois gêneros de combates: um com as leis e outro com a força. O primeiro é próprio do homem; o segundo, dos animais. Porém, como frequentemente o primeiro não basta, convém recorrer ao segundo"[9]. Com estas palavras de inegável pragmatismo, Maquiavel assume uma posição realista em relação ao funcionamento e à concepção do poder político, deixando de lado, em razão das circunstâncias históricas que o rodeavam e da sua perspectiva epistemológica, os critérios morais

---

9. MAQUIAVEL, N. *O príncipe*. 3. ed. São Paulo: Martins Fontes, 2004, p. 83.

(e cristãos) herdados da tradição política medieval. Como se sabe, no entanto, há uma ampla variedade de posições a respeito da relação que Maquiavel estabelece entre a Moral e a Política. Há autores, como Maurice Cranston, que veem no pensamento maquiaveliano a aceitação de critérios morais que por vezes devem ser deixados de lado pela ação política[10]. Numa linha contrária, também se afirma que "o realismo de Maquiavel é indistinguível do pragmatismo que reduz a Política a mera técnica e do cinismo que faz da ética política uma moral ao revés"[11]. De uma forma ou de outra, e apesar das inúmeras divergências teóricas sobre o tema, não se pode negar que Maquiavel procura entender a Política através de uma perspectiva que preserva a sua autonomia (separação entre a Política e a Moral) enquanto fenômeno de organização social.

A construção maquiaveliana é uma das modalidades de realismo político apontadas por José Luis Aranguren[12]: a) o realismo ligado a uma metafísica

---

10. CRANSTON, M. "Política e Ética". In: *O estudo da Política*. Brasília: UnB, 1980, p. 241.

11. ARTETA, A. "Moral y Política". *Teoría Política*: poder, moral, democracia. Madri: Alianza, 2003, p. 121. Para uma visão intermediária, cf. Vinícius Soares de Campos Barros (*Introdução a Maquiavel*: uma teoria do Estado ou uma teoria do poder? Campinas: Edicamp, 2004, p. 26), um dos maiores especialistas do Brasil na obra do pensador florentino.

12. ARANGUREN, J.L.L. *Ética y Política*. Madri: Guadarrama: 1968, p. 76.

ou antropologia da "vontade de poder", que caracteriza todo o plano, público e privado, das relações humanas; b) o realismo antiético que abrange o âmbito político como um todo; c) o realismo ligado à compreensão das relações internacionais. O pensamento de Maquiavel se identifica prevalentemente com a segunda modalidade de realismo apontada pelo autor espanhol, pois este realismo se caracteriza pela separação entre os âmbitos político e ético. Neste caso, afirma Aranguren[13], a principal dificuldade está na cisão antropológica que essa modalidade de realismo promove. Afinal de contas, o homem e a sociedade como um todo não conseguem desligar-se completamente do sistema moral que conduz o seu comportamento, ainda que a razão de Estado ou a busca do bem comum os levassem, em um primeiro momento, a tentar superar por completo critérios morais de caráter privado. Ainda segundo Aranguren, e deixando de lado as relações internacionais e suas peculiaridades, o verdadeiro realismo político estaria na tendência humana (metafísica ou antropologia da "vontade de poder") de estabelecer o domínio em qualquer dos planos do convívio social[14].

Maquiavel foi resultado do Renascimento. De certo modo, Schmitt também é herdeiro da tradição

---

13. Ibid., p. 76 e 77.

14. Ibid., p. 76.

renascentista, porque segue a linha maquiaveliana de buscar um critério capaz de identificar o âmbito político e diferenciá-lo de outros fenômenos sociais. Mas todos os pensadores políticos, apesar das influências que venham a receber do passado, são filhos do seu próprio tempo. Afinal de contas, os pressupostos (morais, fiolosóficos etc.) do conhecimento são históricos como cada um dos homens. Mesmo o idealismo político – aqui entendido, em linhas bastante gerais, como modo de compreender a Política como ela deveria ser e não como ela é – precisa enfrentar a história. E sua perspectiva de transformação do processo histórico é inevitável, pois o idealismo procura entender a realidade para oferecer alguma alternativa capaz de condicioná-la e superá-la. Como "homem do seu tempo", de um tempo em que a irresolução política, a intolerância e a guerra apareciam como verdadeiros ícones históricos, Carl Schmitt situa-se como um autor que pensa o fenômeno político a partir de uma ótica realista, procurando entender o político nos termos colocados pelo comportamento concreto dos indivíduos.

No entanto, seu sistema teórico se afasta em grande medida do realismo que normalmente se atribui a Maquiavel, cuja razão de ser, *grosso modo*, consiste em identificar critérios epistemológicos capazes de diferenciar o fenômeno político da realidade moral típica da teocêntrica visão de mundo medieval. Para Maquiavel, "o governante não está subordinado a nenhuma normatividade ética, jurídica ou religiosa superior, devendo guiar-se pelo império da necessidade política, visando sempre o resultado de suas ações, pois sabe que será julgado pelo sucesso de suas medidas"[15]. O realismo político de Carl Schmitt, por sua vez, estaria mais ligado à "vontade de poder" (a uma perspectiva metafísica ou antropológica desta vontade) que caracteriza todo o plano das relações humanas, um pouco na linha do niilismo passivo de Nietzsche, em que a morte de Deus e dos valores, propiciada pela diminuição da violência e da insegurança da existência humana, deixaria um vazio preenchido pela vontade de poder (G. Vattimo). Além disso, como se sabe, a existência de critérios morais no âmbito político não é negada, direta ou indiretamente, por Carl Schmitt, que vê na dinâmica política uma realidade caracterizada pelo enfrentamento entre amigos e inimigos[16].

De modo geral, toda tentativa de entender o mundo político parte de uma certa análise da realidade, seja para incorporar os elementos que ela oferece e guiar-se segundo seu conteúdo, seja com a finalidade de transformar essa realidade e harmonizá-la com determinadas perspectivas sobre o

---

15. BARROS, V.S.C. *10 lições sobre Maquiavel*. 3. ed. Petrópolis: Vozes, 2012, p. 60.

16. Sobre o antagonismo amigo/inimigo, cf. a Quinta lição.

homem, Deus, a Economia, a sociedade etc. Não há nenhuma dúvida de que Carl Schmitt seguiu o primeiro caminho, projetando no seu pensamento político o marco existencial por ele vivenciado nas primeiras décadas do século XX. Nesse sentido, a construção de um critério para entender o mundo político toma como ponto de partida a universalização de tal experiência, que assume a irresolução e a radicalização políticas, entre outros fatores, como engrenagens de uma grande máquina que tende a funcionar sempre do mesmo jeito. O realismo schmittiano não fecha os olhos para o fato de o homem ter natureza conflitiva e não raramente se dedicar a subjugar o outro. Porém, *deixa de lado os demais mecanismos de controle social* que também são responsáveis pela acomodação, mais ou menos bem-sucedida, conforme o caso, dos conflitos que caracterizam a vida em sociedade.

Todos os pensadores políticos ou todos aqueles que se dedicam ao estudo da *polis*, é importante repetir, de um modo ou de outro também são produto das suas próprias circunstâncias, do marco existencial que os define como indivíduos historicamente situados. Entretanto, cada tempo específico possui uma grande infinidade de elementos característicos e núcleos materiais; todo momento histórico convive com uma ampla diversidade de fatos, valores, interesses etc. que decorre da própria estrutura do mundo social[17]. Enquanto Luís XIV inaugurava o Palácio de Versalhes, criando um dos mais importantes símbolos da monarquia absoluta, havia ainda, na França da sua época, inúmeros espaços de poder e modos de vida atrelados aos tempos medievais. A opção dos pensadores por um desses elementos caracterizadores é o principal fator por trás da identidade da sua obra. No caso de Carl Schmitt, esse elemento é a tendência para o conflito político radical que ele identifica como uma das principais tendências do seu tempo: "o que não se pode negar razoavelmente é que os povos se agrupam como amigos e inimigos, e que esta oposição continua estando em vigor e está colocada como possibilidade real para todo povo que exista politicamente"[18].

"A forma de pensar schmittiana – como se vê – pressupõe a ausência de qualquer critério capaz de condicionar o comportamento dos indivíduos para além da competição radical, cujo objetivo essencial é, em última medida, aniquilar por completo o inimigo político"[19]. O comportamento dos indivíduos e sua vinculação com a competição radical,

---

17. Sobre a posição de Carl Schmitt acerca dos elementos que identificam cada momento histórico, cf. a Terceira lição.

18. SCHMITT, C. *El concepto de lo político*. Madri: Alianza, 1999, p. 58.

19. ALMEIDA FILHO, A. *Fundamentos do Direito Constitucional*. Rio de Janeiro: Forense, 2007, p. 45.

na linha do que defende Carl Schmitt, certamente conduziriam a uma espécie de conflito político permanente, a ser controlado apenas pela utilização direta ou indireta da força por parte do grupo político que conquiste o poder. O conflito permanente ocorreria em virtude da constante possibilidade de um determinado grupo reunir as condições necessárias para instaurar o antagonismo político e reorganizar a comunidade política. Essa possibilidade transformar-se-ia em tendência pelo fato de o antagonismo amigo/inimigo terminar sempre em uma condição de sujeição política, contra a qual, mais cedo ou mais tarde, os povos costumam se levantar. Na linha da revolução proletária idealizada por Karl Marx, porém, a experiência histórica tratou de desmentir a lógica schmittiana do enfrentamento político radical e permanente, o que, por outro lado, não nega a inevitável propensão humana para os conflitos em geral.

Para os indivíduos individualmente considerados, o conflito político (e extremado) permanente é algo que não existe como realidade vivida, como fato histórico dotado da universalidade necessária para a criação de um critério capaz de identificar o fenômeno político. Tal constatação leva o próprio Schmitt a estabelecer um período de harmonia posterior ao conflito que condiciona a sua compreensão do político. Trata-se do momento que vem depois do antagonismo amigo/inimigo e que se identifica com a unidade política analisada na Sexta lição. Essa unidade política seria uma espécie de harmonização de todos os múltiplos enfoques acerca das bases do convívio social que existiam antes do antagonismo. Além disso, o enfrentamento político de Carl Schmitt redunda em um acentuado nível de participação política, uma vez que os indivíduos em seu conjunto estariam dispostos, em nome da sua forma de pensar a Política e a estrutura da vida em sociedade, a se envolver em um conflito capaz, no caso mais extremo, de conduzi-los à própria morte.

Em razão disso tudo, o realismo político de Carl Schmitt ganha corpo na medida em que se apresenta como um sistema teórico que pretende analisar a Política como ela é, passível, por isso, de assumir a universalidade que o autor alemão lhe atribuiu no seu *O conceito do político*. Contudo, como outros marcos teóricos de caráter realista, o pensamento de Carl Schmitt se ressente da incorporação de muitos elementos que estão mais próximos de suas próprias construções *a priori* do que da realidade política historicamente considerada: conflituosidade radical permanente, ausência de sujeição das pessoas às normas existentes, disposição de participar do conflito político, pacificação total após tal conflito etc. Por isso, pode-se dizer que "Carl Schmitt [...] observa o contexto comunitário para dele extrapolar um conjunto de conclusões de caráter normativo cuja ocorrência sociopolítica independe das condições históricas e culturais de cada povo"[20]. Seu realismo político pretende universalizar uma perspectiva que possui certa força analítica, pois às vezes os homens realmente se enfrentam como amigos e inimigos. Porém, não consegue identificar o fenômeno político como ele de fato se apresenta na vida dos povos, ou seja, como uma criação da cultura para a organização da vida social historicamente compreendida.

---
20. Ibid., p. 53.

Terceira lição

A era das neutralizações e das despolitizações

O homem procura a paz, luta pela igualdade, anseia, com base na velha tradição greco-romana, por uma concreta limitação do poder – os antigos defendiam a ideia de que a lei (e não os homens) deveria condicionar o poder político. Historicamente, quando tomamos os tempos modernos como referência, século após século, com um envolvimento maior ou menor do Estado, em meio ao poder absoluto dos monarcas ou inseridos no cenário conturbado das revoluções liberais, os povos avançam no sentido de conferir autonomia ao indivíduo, de transformá-lo, no final dessa longa jornada, na pessoa humana que está no núcleo do Estado contemporâneo. Esse gradativo processo de emancipação do indivíduo se manifesta, fundamentalmente, nos planos político, social e econômico.

Em um texto intitulado *A era das neutralizações e das despolitizações* (1929), Carl Schmitt analisa os caminhos da cultura europeia a partir do século XVI. Valendo-se de uma observação histórica cujo sentido depende da ligação com a sua própria época[21], Schmitt aponta os vários centros de gravidade em torno dos quais a Europa desenvolve as suas bases espirituais. Fiel à necessária vinculação entre o conhecimento da história e a realidade presente, Schmitt faz esse percurso com o fim de entender o modo como o Estado, a sociedade e a cultura do seu tempo se apresentavam. "Todos os indícios apontam no sentido de que, na Europa de 1929, estamos vivendo uma época de cansaço e de tentativas de restauração, coisa tão habitual como compreensível depois de uma grande guerra"[22]. Para Schmitt, os períodos de restauração conduzem à tendência política de apego ao *status quo*, permitindo que se desenvolva, sob o manto da restauração, novos fenômenos que logo conduzem à quebra da sua legitimidade. Dito de outro modo, nas fases de restauração a manutenção do *status quo* significa a preservação da paz, ainda que artificial e baseada apenas no medo de regressar ao passado. No entanto, sob o verniz da paz, "quando chega a hora, o rosto legitimista despenca como um fantasma vazio"[23].

---

21. SCHMITT, C. *El concepto de lo político*. Op. cit., p. 107.

22. Ibid., p. 108.

23. Ibid.

De fato, a busca da estabilidade que sucede os períodos de forte comoção política parece uma tendência natural, a exemplo do que ocorreu após as guerras de religião no século XVI, a queda de Napoleão Bonaparte ou a própria Primeira Guerra Mundial. Schmitt não nega essa tendência. Na verdade, ele aponta para o fato de que tal tendência disfarça, sob o manto da busca da paz e da estabilidade, a real e sempre conturbada situação política na qual se inserem os povos. No âmbito político, a legitimidade do *status quo* não se sustenta devido às naturais transformações que ocorrem no cenário político ou em contextos diretamente ligados a ele. A paz não dura para sempre. Nos períodos de restauração, a manutenção do *status quo* e da tranquilidade que ela por vezes representa, vale a pena repetir, só encontram respaldo no receio de regredir ao passado, de substituir a estabilidade social pela violência e pela falta de segurança. Porém, esse receio de regressar ao passado se desvanece com a consolidação do presente, que pode, dependendo das circunstâncias, produzir tanta insegurança e instabilidade quanto qualquer outro período da história.

Para o pensamento político de Carl Schmitt, o desmoronamento do rosto legitimista torna claro que a Política não pode ser compreendida sem o recurso ao antagonismo amigo/inimigo, nos termos descritos na Quinta lição deste opúsculo. Isso significa que a compreensão da Política e do Estado não deve deixar de lado a dimensão histórica e existencial que caracteriza as sociedades humanas. O receio de voltar ao passado deixa claro também que os períodos de restauração e estabilidade artificiais escondem aquilo que realmente caracteriza cada tempo histórico, no caso, tomando as primeiras décadas do século XX como ponto de partida, a tendência tecnicista (a religião tecnicista) inerente a uma neutralidade que não existe como fato histórico, o que foi provado pelos acontecimentos que sucederam o assassinato do Arquiduque Francisco Ferdinando, em Saraievo, e que se considera o marco simbólico para a eclosão da Primeira Guerra Mundial. A Política e o Estado não podem ser neutros porque a existência humana, o poder e o Direito não o são.

Para que se entenda adequadamente a *era das neutralizações e das despolitizações*, Schmitt ressalta as fases pelas quais passou o espírito europeu a partir do século XVI. De acordo com ele, trata-se de quatro diferentes etapas, verdadeiros centros de gravidade espirituais, correspondentes aos quatro séculos que separam o seu tempo – situado nas primeiras décadas do século XX – do início do mundo moderno. As fases "vão do teológico ao metafísico, daqui ao moralismo humanitário e desta fase à economia"[24]. Para Schmitt, a história da Europa

---

24. Ibid., p. 109.

moderna se resume à passagem de uma fase para outra, à transferência, de um século para o outro, destes centros de gravidade, que correspondem aos principais núcleos de ideias que vigoraram em cada um dos momentos históricos mencionados. Naturalmente, como ressalta o próprio Schmitt, os tempos históricos possuem muitos núcleos culturais diferentes, pois as sociedades são como os indivíduos: sob a capa superficial da unidade convive uma pluralidade que sempre deixa a sua marca, seja ela manifesta ou não. Desse modo, junto às correntes de ideias que preponderam em cada momento, há sempre um sem-número de outras ideias que assumem uma natureza coadjuvante, mas que, só por causa disso, não deixam também de caracterizar os diferentes quadros da história.

As quatro fases mencionadas por Carl Schmitt não integram uma Filosofia da História, nem pretendem assumir, por isso mesmo, caráter universal. Relatam apenas as características que definem as pegadas espirituais deixadas pelos europeus no mundo moderno. Schmitt também sublinha que as etapas apontadas por ele não implicam qualquer ideia de decadência ou progresso ininterrupto[25]. Afinal de contas, todas as ideias acerca desse progresso precisariam apoiar-se na noção de que os ciclos

---

25. Ibid.

históricos nunca se repetem e de que a tendência das sociedades racionais é sempre a emancipação humana, realidade negada por inúmeras evidências históricas e políticas distribuídas durante os quatro séculos analisados pelo autor alemão: o Massacre da Noite de São Bartolomeu, a Guerra Civil que prostrou a Inglaterra no século XVII, o período de terror da Revolução Francesa, as invasões napoleônicas etc. Fosse o progresso da humanidade uma tendência irrefreável do indivíduo racional, os quatro séculos mencionados não teriam presenciado, todos eles, atos de irracionalidade política e violência que desafiam a criatividade e confirmam o poder cada vez mais forte da destruição humana. O progresso ou a decadência – sem falar nas balizas necessárias para avaliar quando algo é progressista ou decadente – são apenas tendências que as sociedades abraçam no seu lento caminhar pela história da humanidade.

O elemento humano, que integra os cenários políticos e condiciona qualquer tipo de compreensão da marcha da humanidade, muitas vezes foge de patamares moralmente condicionados, os da Ilustração setecentista, por exemplo, e não sente qualquer constrangimento em repetir a história no que ela tem de pior para a ideia de progresso da humanidade. De certo modo, a sucessão dos centros de gravidade mencionados por Carl Schmitt constituem prova cabal de que o fenômeno político envolve sempre a insatisfação do homem com sua própria condição política conjuntural. Mas isso não implica dizer que a referida insatisfação aponte para uma ou outra direção política; não representa uma decisão em prol de um modelo específico de domínio. A Política, qualquer que seja o modo como possamos compreendê-la, sempre estará à frente da organização social humana. E é natural que a humanidade opte por formas de organização condicionadas pelas necessidades e valores que se sobressaiam em cada época da história. Sem a história, a Política é um recipiente vazio tão irrelevante e inviável quanto a própria existência do homem a-histórico.

No caso da Europa moderna, órfã de referentes materiais após a superação do grande ciclo teocêntrico encerrado (ou aparentemente encerrado) com o fim da Idade Média, a mencionada insatisfação humana pode significar um elemento a mais na compreensão da Política como esfera de realização do indivíduo e dos seus interesses. Mas é importante sublinhar que nem sempre a realização dos indivíduos ou dos interesses humanos possuem a essência democrática tão comumente ressaltada no mundo contemporâneo. Em não raras ocasiões, por exemplo, os indivíduos e os seus interesses representam apenas a visão de mundo do segmento social capaz de impor a decisão política fundamental. E nesse ponto a perspectiva de Carl Schmitt acerca do político não deixa de ter certo sentido, ainda que a imposição da decisão ou de um determinado modelo de domínio político não seja resultado direto daquilo que o nosso autor entende por antagonismo amigo/inimigo. No âmbito do pensamento schmittiano, a oscilação entre os centros de gravidade nos leva à conclusão de que nem mesmo a busca da neutralidade é suficiente para superar a força do enfrentamento político e das suas consequências.

A primeira fase mencionada por Carl Schmitt se caracteriza pela superação da perspectiva teológica típica do período que estabelece a transição entre o mundo medieval e os tempos modernos, bem como por sua substituição pela metafísica e pela ciência que caracterizam o modo de pensar no século XVII (segunda fase), a "verdadeira época heroica do racionalismo ocidental"[26]. [...] Inclusive, como ressalta Carl Schmitt, a superstição típica dessa época era cósmico-racionalista: a Astrologia"[27]. Como se sabe, e resolvida a questão de que cada época possui um núcleo de ideias em torno do qual gravitam vários enfoques com ele colidentes, "a época heroica do racionalismo ocidental" não logra ocupar todos os espaços sociais políticos existentes na Europa do século XVII, uma vez que

---

26. Ibid., p. 110.
27. Ibid.

os desafios materiais da época – meios de transporte, formas de comunicação a distância, a convivência do Estado Absoluto com reminiscências medievais etc. – dificultavam qualquer tipo de difusão uniforme das formas de pensar e mesmo dos modelos de domínio. O mesmo ocorreu no século XVIII, que não tardou a substituir a metafísica da centúria anterior pelo moralismo humanitário que se impõe a partir da Ilustração. No século seguinte, onde se desenvolve a última fase mencionada por Carl Schmitt, o liberalismo e os valores da burguesia industrial se encarregaram de estabelecer uma complexa conexão entre o econômico e o técnico.

A era das neutralizações tem figurado na história da Europa como uma espécie de busca quimérica por uma realidade avessa ao conflito político. Para Carl Schmitt, a transferência ou mudança dos centros de gravidade espirituais que tem início no século XVI busca criar um espaço de atuação política onde as anteriores disputas teológicas fossem deixadas de lado, dando origem à paz que Martin Kriele situa como o ponto de partida do modelo moderno de Estado. É como se a evolução da cultura europeia sempre convergisse, no decorrer desses quatro séculos, para uma tentativa de substituir as controvérsias teológicas típicas do período medieval (Décima lição) por uma realidade espiritual e política desprovida de conteúdo, ou, pelo menos, desprovida de um conteúdo ligado à instabilidade política que teve origem com as guerras de religião. A passagem da era teológico-cristã para uma etapa de cientificidade natural seria o melhor exemplo de todo esse processo[28]. O próprio conceito de soberania, ainda nos passos de Martin Kriele, seria decorrência dessa tentativa de neutralização política voltada para a construção da paz.

No entanto, ressalta Carl Schmitt, a busca do terreno neutro na Europa moderna é um fenômeno cíclico. "Na Europa, a humanidade está sempre saindo de um campo de batalha para entrar em um terreno neutro, e uma e outra vez o recém alcançado terreno neutro se converte novamente em campo de batalha, e torna necessário buscar novas esferas de neutralidade"[29]. Com efeito, se tomarmos como base a construção de uma esfera neutral capaz de produzir estabilidade política, de fato poderemos considerar a existência de uma tendência cíclica. Um bom exemplo disso pode ser obtido através da transição revolucionária entre o Antigo Regime e o Estado Liberal. De certa forma, o monarca absoluto e a soberania estatal conseguiram superar as dissensões religiosas que abalaram o continente no início da era moderna.

---

28. Ibid., p. 115.

29. Ibid., p. 117.

Porém, o que antes foi utilizado para obter a paz logo se converteu no principal elemento político responsável por sua desestabilização, pois o monarca absoluto, em razão do individualismo crescente, do capitalismo em formação e do fortalecimento da burguesia, converteu-se no símbolo e na estrutura viva de um regime político que negava a liberdade reclamada pelas circunstâncias históricas. As revoluções liberais provaram que a neutralização gerada pela cientificidade e pela força do monarca absoluto era apenas aparente. Ela estava prestes a desaparecer em nome da economia, da técnica e do Estado neutro.

"Durante o século XIX – afirma Schmitt –, o progresso técnico é tão assombroso, as situações sociais e econômicas se modificam, em consequência, com tal rapidez que a realidade desse desenvolvimento técnico acaba afetando a totalidade dos problemas morais, políticos, sociais e econômicos"[30]. O Estado Liberal, impulsionado, talvez, pela necessidade de assegurar uma esfera de atuação particularmente discreta em relação à autonomia individual e à diferenciação entre o estatal e o social, assume a neutralidade como justificação da sua existência[31]. Não se trata apenas da tenta-

---

30. Ibid., p. 111.

31. Ibid., p. 115.

tiva moderna de se construir um espaço político propício para a afirmação da paz almejada desde as guerras de religião. A passagem da teologia cristã do século XVII para a cientificidade natural[32], motivada pela "busca de uma esfera neutra"[33], também tem suas raízes na reação política contra o modelo de Estado simbolizado pelo monarca absoluto. Na neutralidade, encontrou a Europa o "seu *conceito de verdade*"[34].

O século XX começa com o império da técnica e com uma busca de neutralidade que esbarra na existência política. Aparentemente a técnica é neutra, pois não carrega qualquer tipo de conteúdo, a não ser a ilusória fé na sua própria capacidade de distanciamento das decisões e dos interesses políticos. A técnica é neutral porque está a serviço de qualquer modalidade de organização política. Todavia, como nos recorda Schmitt, "a técnica é sempre só instrumento e arma, e porque serve a qualquer um não é neutra"[35]. Pelo contrário, "hoje em dia os inventos técnicos são meios para uma inaudita dominação das massas"[36]. E essa dominação

---

32. Ibid.
33. Ibid., p. 116.
34. Ibid.
35. Ibid., p. 118.
36. Ibid., p. 119.

pode assumir qualquer conteúdo, pode mover-se por quaisquer objetivos políticos. Isso significa que o império da técnica é impotente perante a força do poder político, pelo menos no que diz respeito à produção de neutralidade.

Como fenômeno espiritual, portanto, a *era das neutralizações e das despolitizações* é apenas um caminho aberto para a afirmação do político como antagonismo amigo/inimigo, mero instrumento para a implementação de um domínio político subordinado à força de uma decisão política existencialmente concreta. É a prova, segundo Carl Schmitt, de que a Europa moderna não passa de mais uma manifestação da ideia de que os homens fatalmente caminham para o enfrentamento político radical.

pode assumir qualquer conteúdo, pode mover-se por quaisquer objetivos políticos. Isso significa que o suborno na recusa é importante perante a força do poder político, pelo menos no que diz respeito à tipificação de neutralidade.

Como Keuman no espiritual, portanto, a era das neutralizações — das desvalorizações — apenas um caminho aberto para a afirmação do político como antagonismo amigo/inimigo, como instrumento para a implementação. Se te um domínio político absoluto, do a forma de uma decisão política existencialmente concreta. Isto prova, segundo Carl Schmitt, de que a Europa moderna não passa de mais uma manifestação da ideia de que os homens realmente caminham para o enfrentamento político radical.

Quarta lição
Pessimismo antropológico

A organização política da vida em sociedade, como qualquer modalidade de organização humana, depende de determinados pressupostos, a partir dos quais se torna possível, entre outros aspectos, compreender a Política e identificar os caminhos seguidos por ela para alcançar os seus objetivos. Na presente lição, não vamos analisar o conceito de Política ou os seus objetivos, que podem variar, por exemplo, conforme o regime concreto (democracia, ditadura, oligarquia, anarquia etc.) adotado por um povo ou segundo os valores que este mesmo povo possui quanto ao papel do Estado ou à construção do espaço público. Nosso objetivo é analisar um dos elementos que normalmente assumem posição de destaque quando os pensadores políticos apresentam um modelo analítico: a natureza humana. Afinal de contas, a tendência do homem para a "maldade" ou para a "bondade", tendência que sempre se depara com um indissociável relativismo (o conteúdo que costumamos atribuir ao bem e ao mal varia segundo o referencial utilizado), interfere diretamente no modo como devemos compreender a Política, a sociedade e o Estado. Carl Schmitt analisa brevemente o tema do homem em uma pequena obra intitulada *Hamlet ou Hécuba: a irrupção do tempo no drama*.

"O drama *Hamlet, príncipe da Dinamarca* – escreve Schmitt – foi objeto de inumeráveis interpretações. O melancólico príncipe, vestido de luto, converteu-se, com o tempo, em um arquétipo da problemática do homem. A força simbólica da sua figura deu origem a um autêntico mito, que se mantém em sua incessante transformação"[37]. O nascimento do mito se deve ao próprio núcleo dramático da obra. Hamlet é filho de um rei assassinado, cuja mãe se casa com o provável assassino do seu pai. Além disso, a figura do rei morto aparece ante o filho em forma de espírito e clama por vingança. Há uma cobrança moral que pode produzir graves consequências pessoais e políticas. O que fazer? "Um filho que se encontra de tal modo em conflito entre seu dever de vingança e o vínculo com a mãe – responde Carl Schmitt – praticamente só tem dois caminhos: [...] o filho mata o assassino e também a sua mãe; (ou) unidos, ambos, mãe e filho, matam o assassino"[38]. Hamlet não segue qualquer dos dois caminhos apontados pelo autor alemão.

---

37. SCHMITT, C. *Hamlet o Hécuba*: la irrupción del tempo en el drama. Valência: Pre-Textos, 1993, p. 7.

38. Ibid., p. 12.

Em razão, talvez, da dúvida em torno da culpa da mãe, e tomado pela irresolução, Hamlet foge das únicas alternativas apontadas por Carl Schmitt perante o trágico cenário da obra.

"O tabu da rainha significa a poderosa irrupção da realidade histórica no Hamlet shakespeariano"[39], pois, de certo modo, ele retrata o percurso de Maria Stuart da Escócia, que se casou com o assassino do seu marido, Henry Lord Darnley, fazendo com que pesadas suspeitas de cumplicidade recaíssem sobre ela. Esse fato, segundo Carl Schmitt, devido à opinião da Inglaterra protestante e do público londrino, em especial, que odiavam Maria Stuart, impediu Shakespeare de inocentar claramente a mãe de Hamlet. Mas a realidade histórica também se manifesta no tabu da rainha devido a força da imprevisibilidade na vida pessoal e política da personagem de Shakespeare. A indecisão de Hamlet situa-se entre a força de um vingador (do seu pai) e a irresolução de um "melancólico inibido pela reflexão"[40]. Projetado no mundo da *polis*, esse conflito entre a vingança e a dúvida pode ser entendido, outrossim, como a ausência da decisão capaz de superar as divergências que inevitavelmente caracterizam a vida em sociedade, talvez um retrato da Europa liberal e da aparente neutralização que Schmitt atribui à sociedade e ao Estado guiados pela técnica.

---

39. Ibid., p. 19.

40. Ibid.

A ligação entre Hamlet e a problemática do homem, por sua vez, pode relacionar-se com o fato de os homens de carne e osso carregarem doses mais ou menos acentuadas de hesitação na sua personalidade. Em termos políticos, trata-se de uma característica que eventualmente se projeta como ausência de força para decidir ante a necessidade de criar uma unidade em torno da qual os homens possam existir e conviver em harmonia. Com isso, e na medida em que considera Hamlet como "arquétipo da problemática do homem", Schmitt avança na direção de uma visão antropológica através da qual a Política e o Estado devem ser compreendidos por meio da necessidade de superação dessa indecisão (com certa dose de relativismo) que caracteriza o homem e coloca em xeque o equilíbrio da vida em sociedade.

Na Política, a indecisão conduz à instabilidade e à deflagração do antagonismo amigo/inimigo, única via capaz de criar as condições necessárias para a imposição da paz. Em duas passagens de *O conceito do político*, Schmitt expõe sua perspectiva sobre a matéria. Em primeiro lugar, para as teorias política e do Estado "o importante é [...] se o homem é entendido como um ser 'perigoso' ou inócuo, se constitui um risco ou uma ameaça, ou se é inteiramente inofensivo"[41], quer dizer, se é ou não capaz de viver em comunidade sem a intermedia-

---

41. SCHMITT, C. *El concepto de lo político*. Op. cit., p. 87.

ção de mecanismos capazes de impor a ordem. Por outro lado, ainda segundo Schmitt, a distinção pura e simples entre o bem e o mal faz parte da linguagem primitiva e ingênua de algumas perspectivas antropológico-políticas[42]. De acordo com esta última colocação, a opção entre o bem e o mal precisa enfrentar os valores que sempre afloram quando as pessoas partem para qualquer tipo de avaliação acerca do que consideram certo ou errado. Afinal, esta avaliação é feita com base em valores que existem em grande quantidade e não raramente são interpretados de formas diferentes. Mas a existência de conteúdos prévios acerca do bem e do mal não interfere diretamente no pessimismo antropológico que permeia o pensamento de Carl Schmitt.

Na verdade, a questão daquilo que se deve considerar representativo do bem ou do mal de certa maneira é deixada de lado por Carl Schmitt, pois a maldade e a bondade, impedidas pela práxis de assumir qualquer caráter absoluto, vão sempre variar conforme situações, desejos e personalidades concretas. Todos os grupos políticos que venham a se enfrentar em nome da prerrogativa de organizar a vida em comunidade segundo a sua visão de mundo podem mobilizar os conteúdos políticos que considerem mais adequados, bons ou maus, conforme o referencial, não incidindo sobre tais

---

42. Ibid., p. 89.

conteúdos qualquer tipo de juízo de valor. Em termos de antropologia política, contudo, Schmitt nos recorda que "todas as teorias políticas propriamente ditas pressupõem que o homem é 'mal', e o consideram como um ser não só problemático, mas 'perigoso' e dinâmico"[43]. E mais – continua Schmitt –, "o dogma teológico fundamental do caráter pecaminoso do mundo e do homem obriga, como a distinção entre amigo e inimigo, a classificar os homens, a 'tomar distância', e torna impossível o otimismo indiscriminado de um conceito de homem igual para todos. Claro está que em um mundo bom, habitado por homens bons, governaria a paz, a segurança e a harmonia de todos com todos; nele, os padres e teólogos fariam tão pouca falta quanto os políticos e estadistas"[44].

A antropologia política não deve levar em conta se o homem é bom ou mal segundo valores específicos. Seu núcleo deve girar em torno da necessidade geral de existir ou não critérios limitadores da ação humana para que esta não impeça a realização do próprio homem. Nessa linha, o mistério aparente sobre a posição schmittiana acerca do homem resta desvendado a partir do momento em que o autor alemão compreende o mundo político como uma arena para o duelo potencialmente mortal entre amigos e

---

43. Ibid., p. 90.
44. Ibid., p. 93.

inimigos. Afinal, o antagonismo amigo/inimigo se baseia em uma visão antropológica que compreende o homem como um ser inevitavelmente voltado para o conflito político: "as representações e argumentações sobre o político dificilmente poderiam tomar como ponto de partida um 'otimismo' antropológico"[45]. Para Carl Schmitt, o ser humano não apenas possui uma vocação natural para o conflito. É através do enfrentamento político que as sociedades se organizam e se identificam como tal. De certa forma, o estado de natureza hobbesiano, a guerra de todos contra todos, a insegurança generalizada e o medo, o receio de ser vítima que conduziria ao anseio por dominar, tudo isso sobreviveria a qualquer pacto social ou político que viesse a inaugurar o convívio institucionalizado entre as pessoas.

Apesar desta constatação, no caso de Carl Schmitt é importante ressaltar que a tendência do homem para o conflito assume uma conotação particular. O conflito a que ele se refere é o mais inconciliável de todos eles, é aquele que conduz as pessoas ao mais radical e virulento enfrentamento. Schmitt parte de uma compreensão antropológica essencialmente pessimista em relação à capacidade humana de construir uma harmonia social aceitável, onde a submissão daqueles que discordam do grupo homogêneo, aquele formado pelos vencedo-

---

45. Ibid.

res do antagonismo amigo/inimigo, constitui verdadeira condição para o funcionamento da estrutura política. Os homens estariam fortemente engajados no projeto de estabelecer um domínio político em que cada membro da comunidade política se empenharia em ser dominador (ou pelo menos as suas ideias políticas) e não dominado.

Mesmo assim, se Carl Schmitt tivesse razão em relação ao engajamento e à participação política das pessoas no conflito permanente, seu pensamento político conduziria a um impasse democrático – Schmitt defende uma "democracia da identidade –, pois o antagonismo amigo/inimigo não terminaria com a vitória de um grupo sobre os demais. Ele dependeria da imposição de um governo forte, provavelmente um governo despótico ou ditatorial, que, na prática, não necessariamente se identificaria com a visão de mundo do grupo político vencedor; não precisaria impor a forma de entender a Política que embalou o antagonismo amigo/inimigo, contentando-se, no caso, em buscar a dominação pela dominação, chegando mesmo a assumir a estrutura política que antecedeu a sua chegada ao poder. Seja como for, se é verdade que os homens precisam de limites políticos para se organizar em torno da vida social, não existe outra saída, senão adotar o pessimismo antropológico como elemento que integra qualquer forma minimamente realista de entender o fenômeno político.

Quinta lição

O político e o antagonismo amigo/inimigo

O fenômeno político e a construção de um critério capaz de identificá-lo ocupam uma importante posição no pensamento de Carl Schmitt. Através da busca desse critério, Schmitt percorre um caminho teórico que o leva a ressaltar, dentre outros elementos, a tendência humana para o conflito, a necessidade de impor a ordem (e a *decisão*) política, a busca da homogeneidade na formação dos grupos que disputam o poder, a força de um Estado que deve identificar os seus inimigos e combatê-los, os problemas epistemológicos e pragmáticos das instituições liberais etc. Por isso, o *antagonismo amigo/inimigo*, alçado por Carl Schmitt à condição de critério de identificação do político, é uma das principais categorias da sua obra, a chave, para dizê-lo de alguma maneira, que abre as portas para a compreensão de um mundo hostil em que a única saída para a paz é imposição do domínio por parte do grupo político mais forte.

Segundo Carl Schmitt, o mais sério enfrentamento entre os homens ocorre no plano político, em um contexto anterior à formação do Estado, mas não anterior à existência de uma ideia clara de organização ou da necessidade de organização do convívio social. Em Carl Schmitt, porém, o fenômeno político está muito mais ligado à natureza (ou condição) do homem do que propriamente à existência de uma fase específica da organização social e política da sociedade. O antagonismo político leva à vitória o grupo politicamente mais forte, que, em razão da sua força, vai se impor sobre os demais. Mas será que o futuro das sociedades humanas está realmente nos regimes autoritários, decorrência lógica dessa forma de pensar, e no combate a *inimigos* políticos incompatíveis com a tolerância e o diálogo?

A Política e o Direito podem ser entendidos como mecanismos da cultura que têm como principal objetivo tornar o difícil ato de conviver menos dramático, menos irracional, menos sujeito às paixões que rotineiramente dominam a serenidade e a estabilidade dos homens. Se as sociedades continuarem a ser aquilo que elas têm sido historicamente, a Política e o Direito devem ser compreendidos, em último caso, como instrumentos de manutenção do frágil equilíbrio que sustenta o convívio social. De certo modo, portanto, não se pode negar que o fenômeno político apresenta forte proximidade com a lógica dos enfrentamentos humanos, sobretudo quando se pensa na Política, de momento tomada como espaço de construção do homem individual e coletivo (nos passos do pensamento aristotélico), como o mais importante mecanismo de organização da vida em sociedade. A Política, nesse sentido, pode ser entendida como "a vivência do 'social', da sociedade humana como 'comunicação' e como grupo; da convivência com o próximo; a da mais íntima essência das relações entre o 'eu' e o 'outro'"[46].

Em razão dessa conexão entre a Política e os conflitos entre as pessoas, será que Carl Schmitt tem razão quando vê no antagonismo amigo/inimigo, ou seja, no enfrentamento entre grupos existencial e politicamente rivais, o critério para a identificação do político? Há sentido em pensar a Política como um espaço que privilegia o conflito em detrimento do consenso? Primeiramente, é preciso entender o sentido que Schmitt empresta a esse antagonismo e o lugar que ele ocupa no seu sistema teórico.

O antagonismo amigo/inimigo não pretende analisar a essência do fenômeno político. Na verdade, seu objetivo é atuar como critério capaz de

---

46. MONCADA, L.C. *Problemas de Filosofia Política*. Coimbra: Armênio Amado, Editor sucessor, 1963, p. 27.

identificar a realidade política e separá-la dos vários fenômenos (econômicos, morais, jurídicos etc.) que normalmente interagem ou se confundem com ela: "o político – escreve Schmitt – tem que ser encontrado em uma série de distinções próprias, últimas, às quais possa reconduzir-se tudo quanto seja ação política em um sentido específico"[47]. O antagonismo amigo/inimigo deve ser visto como uma categoria explicativa dotada de autonomia, capaz, assim, de identificar as ações e comportamentos políticos, mesmo que estes se situem em contextos aparentemente avessos à lógica política. O antagonismo identificaria a essência do comportamento político, ainda que este comportamento não se manifeste nas arenas aparentemente políticas, como podem ser as eleições ou as disputas partidárias no âmbito parlamentar.

Para Schmitt, assim, o mais idílico cenário religioso pode ser palco de um enfrentamento político capaz de dividir os homens e fazer com que eles lutem até que um grupo finalmente resulte vencedor. Quer dizer, "todo antagonismo ou oposição religiosa, moral, econômica ou de qualquer tipo se transforma em oposição política na medida em que ganha força suficiente para agrupar os homens, de um modo efetivo, em amigos e inimigos"[48]. Na verda-

---

47. SCHMITT, C. *El concepto de lo político*. Op. cit., p. 56.
48. Ibid., p. 67.

de, o antagonismo schmittiano é um enfrentamento de último nível entre as diferenças que existem entre o eu e o outro, uma espécie de choque irreconciliável de "civilizações" ou de "projetos de civilização". O antagonismo atua, ademais, como ausência inevitável de tolerância e de diálogo, ausência nascida de contingências históricas que levam o grupo político a sobreviver e se impor ou a ser destruído ou incorporado ao agrupamento vencedor. O antagonismo funda-se, em geral, na impossibilidade de assegurar uma convivência democrática – no sentido plural das democracias da atualidade – e tolerante entre indivíduos que discordam acerca de questões por eles tidas como fundamentais para a organização política da sociedade.

A máxima impossibilidade de conviver com o outro devido a diferenças inconciliáveis, portanto, é o ponto de partida do antagonismo amigo/inimigo. Essa impossibilidade vincula-se a elementos que estão na base do processo histórico desde as suas mais remotas origens: a luta por bens escassos, a hostilização das pessoas diferentes – em relação aos padrões da maioria –, a intolerância religiosa, o medo, as paixões da conquista e da glória etc. Porém, estes elementos nem sempre assumem a condição de diferenças inconciliáveis. A democracia contemporânea, por exemplo, encontrou caminhos para pacificar os conflitos religiosos, por meio da liberdade de crença e de culto, e tornar a luta pelos bens escassos menos violenta, através da função social da propriedade ou mesmo do compromisso jurídico e político com o bem-estar social. No entanto, apesar das transformações operadas pelo regime democrático no século XX, para Carl Schmitt o antagonismo político pode se manifestar a qualquer momento, desde que haja motivos – e nada demonstra que eles deixarão de existir – para que um determinado grupo político (de amigos) pretenda impor o seu modo de compreender a organização da vida social.

O advento da democracia contemporânea, nessa linha, não implica dizer que os conflitos religiosos ou as disputas econômicas tenham deixado de existir; também não significa que eles nunca possam gerar o tipo de desentendimento reclamado pelo antagonismo amigo/inimigo. Afinal, a experiência do século XX demonstra que mesmo povos aparentemente imersos em períodos de paz podem atirar-se no precipício das tecnológicas guerras de aniquilação total. Na verdade, essa *máxima impossibilidade de conviver com o outro* depende de elementos que podem ou não deflagrar o conflito schmittiano. Tais fatores resultam de circunstâncias históricas concretas quase sempre dotadas de profunda complexidade, pois as sociedades nunca se submetem a um único senhor, a uma forma de pensar unívoca acerca dos seus valores preponderantes e do seu modo de organização política. Sendo assim, o antagonismo amigo/inimigo está ligado a situações em que conflitos, aparentemente quotidianos, *podem* levar à impossibilidade de conviver e à busca da aniquilação política (através do extermínio puro e simples ou da adesão dos vencidos, por exemplo) do grupo opositor.

"O sentido da distinção amigo/inimigo é marcar o grau máximo de intensidade de uma união ou separação, de uma associação ou dissociação"[49]. No caso dos inimigos políticos, a distinção ganha força por causa de diferenças ou barreiras que não podem ser resolvidas de forma pacífica ou democrática, através do recurso aos meios tradicionais (recurso ao poder judiciário, discussão legislativa etc.) de composição dos conflitos sociais, notadamente quando Schmitt se refere a um momento anterior à própria existência do Estado. O nível máximo de união se manifesta a partir do momento em que os indivíduos formam um dado grupo político, valendo-se, para tanto, de elementos comuns que identificam os membros desse grupo e que podem conduzi-lo aos níveis dramáticos do enfrentamento total com seus inimigos. O grau máximo de separação ou dissociação presente no antagonismo schmittiano, por sua vez, é atingido quando a visão do grupo de amigos for politicamente incompatível – no sentido

---

49. Ibid., p. 57.

de determinar como vão se organizar a sociedade e o Estado – com outra perspectiva sobre a forma de estruturar a convivência. Em ambos os casos, o ponto máximo de dissociação necessariamente leva ao conflito político entre amigos e inimigos.

O conflito político, apesar da sua grave intensidade, não tem na luta armada uma implicação inevitável. Antes de converter-se em um conflito concreto marcado pela violência, ou seja, em uma efetiva disputa bélica em torno da capacidade de organizar o domínio, o antagonismo amigo/inimigo se manifesta no plano da incompatibilidade política ou da impossibilidade de harmonizar pontos de vista diferentes (criação de uma democracia, de um regime teocrático, de uma ditadura militar etc.), acerca de aspectos considerados pelos grupos políticos como estruturantes para a vida em comunidade. Constatado o antagonismo amigo/inimigo, a guerra extrema é tão passível de ocorrer quanto a decisão de um grupo opositor de ceder às ameaças de guerra ou de partir para o exílio voluntário. A violência física, desse modo, não constitui um elemento indispensável do antagonismo amigo/inimigo. No entanto, "os conceitos de amigo, inimigo e luta adquirem seu sentido real pelo fato de que estão e se mantêm em conexão com a possibilidade real de matar fisicamente"[50]. Mas quem são os ami-

---

50. Ibid., p. 63.

gos e os inimigos mencionados por Carl Schmitt? Quem pode integrar esses grupos políticos capazes dos atos mais extremados de enfrentamento social?

O principal aspecto a considerar, nesse caso, é o fato de o antagonismo amigo/inimigo ser um critério ou uma categoria teórica para a identificação do político. Não se trata, por isso, de um conceito ligado às relações privadas, à competição pessoal ou ao ódio que alguns indivíduos podem sentir entre si. Para Schmitt, os amigos e inimigos se definem como tal na medida em que assumem a condição pública de indivíduos e grupos enfrentados no plano da construção do modelo político de convivência. Nesse sentido, os laços de amizade existentes no âmbito privado nada representam quando da divisão do agregado social em amigos e inimigos. Além disso, Schmitt também desliga sua dualidade política de qualquer vinculação com épocas remotas de violência e barbárie[51]. Afinal, o antagonismo se projeta como o critério político por excelência, indissociável, portanto, de qualquer esforço específico no sentido de organizar a *polis*, esteja este esforço, por exemplo, situado na formação do Império Romano ou na construção da União Europeia. Não há implicações morais, finalmente, no instante de identificar os inimigos políticos, visto que o político em si, a

---

51. Ibid., p. 58.

disputa pelo poder de tomar a decisão política, não pode ser entendido como sinônimo de bem ou de mal. O enfrentamento entre amigos e inimigos, segundo Schmitt, figura apenas como uma característica-exigência da vida em comunidade.

Aparentemente, devido ao caráter universal que o autor alemão atribui ao antagonismo amigo/inimigo, essa dualidade é algo que integra o funcionamento do comportamento político. É fácil identificar o enfrentamento radical entre os grupos políticos que lutam pelo poder no dia a dia. E a formação de agrupamentos enfrentados que decorre do antagonismo schmitiano parece muito mais plausível quando se pensa em momentos anteriores à formação do Estado, quando imperam, naturalmente, a fragilidade (ou total ausência, dependendo da perspectiva que se adote) institucional e o personalismo na condução das decisões políticas. Apesar disso, há um elemento fundamental com o qual o processo de *diferenciação política* elaborado por Carl Schmitt não contava: a impossibilidade de se estabelecer a diferença entre amigos e inimigos sem uma fase anterior de diálogo, onde a presença de instrumentos democráticos (liberdade de pensamento e de expressão, direito à igualdade etc.), é absolutamente necessária. Afinal de contas, como saber a qual dos grupos políticos alguém pertence, quem são seus amigos e seus inimigos, se as ideias de um dado grupo e do indivíduo que procura situar-se em algum deles não podem ser discutidas abertamente?

O antagonismo amigo/inimigo pode ocorrer em dois momentos políticos diferentes. Em primeiro lugar, ele se manifesta antes da criação da Constituição e do Estado, atuando, neste caso, como mecanismo de seleção do grupo responsável (e da sua decisão) pela determinação do modo de ser do ente estatal. Na fase em questão, quando se pode falar em um *antagonismo político originário*, o processo de construção do domínio político passa por quatro etapas: a) fim do enfrentamento e definição do grupo vencedor; b) formação da unidade política – fase de superação das diferenças políticas; c) construção da decisão política fundamental, que consiste na definição da essência do pensamento político dos vencedores; d) projeção concreta da decisão na estrutura do Estado e da sociedade como um todo. Na atualidade, esse antagonismo originário só pode ocorrer nas situações de quebra da ordem constitucional, na hipótese pouco comum de surgimento de um novo Estado nacional ou em razão do aparecimento de um modelo de domínio, improvável nos dias de hoje, capaz de substituir a figura do Estado como núcleo aglutinador do convívio humano.

O segundo momento do antagonismo amigo/inimigo, uma espécie de decorrência parcial do pensamento schmittiano, materializa-se por meio das disputas políticas que ocorrem nos marcos do Estado constituído, podendo acontecer, por exemplo, tanto no plano parlamentar (embate radical entre oposição e governo) quanto no âmbito eleitoral (demonização recíproca entre os candidatos). O nível máximo de dissociação política também pode ser desencadeado pelo próprio Estado – aqui no sentido de eliminar uma posição política inconciliável com a sua ou com a paz social – ou por grupos que não integram as esferas de poder, mas tenham adquirido força para fazê-lo. No campo das relações internacionais, por sua vez, o antagonismo amigo/inimigo também pode ser identificado com certa frequência, a exemplo da política externa norte-americana, no recente período em que o mundo foi dividido entre os que apoiavam a guerra contra o terror de George W. Bush e aqueles que não o faziam. Em todos esses casos que ilustram o segundo momento ao antagonismo, tão comuns na realidade política contemporânea, há forte tendência de fragilização das instituições democráticas, uma vez que uma das bases da democracia contemporânea, essencialmente vinculada ao pluralismo social, é a capacidade de dialogar e construir consensos.

Se Schmitt tivesse razão quanto ao critério que identifica o político, a democracia contemporânea e os direitos fundamentais que legitimam o Estado contemporâneo seriam incompatíveis com as sociedades humanas; o diálogo cederia lugar para a decisão autoritária; a paz seria imposta e não conquistada. E apesar de todos os percalços ligados à tendência humana para o conflito, a experiência histórica demonstra, nas democracias atuais, que a Política pode ser entendida como um espaço privilegiado para a formação do consenso e a promoção da tolerância. No entanto, se a visão de Carl Schmitt não serve para a compreensão do fenômeno político como um todo, certamente possui forte caráter explicativo diante das situações em que o exercício do poder foge dos limites plantados pelo Direito. Afinal de contas, por vezes a "Política racional se perde pelo caminho, e, no meio de desconcerto, longe de Aristóteles ou Hannah Arendt, alguém vai se lembrar de Carl Schmitt: o universo político se guia 'pela possibilidade real de que exista um inimigo'"[52].

---

52. ALMEIDA FILHO, A. *Carl Schmitt e o antagonismo político*. Op. cit., p. 479.

Sexta lição

Em torno da unidade: os caminhos da decisão política

Na madrugada de 25 de abril de 1821, D. João VI, abatido pela necessidade de regressar a Portugal e pela agitação política ligada à Revolução do Porto, lentamente embarca no navio que o levaria de volta à Europa. Na bagagem, além da incerteza quanto aos destinos da Coroa, carregava uma decisão política determinante para o futuro das relações entre o Brasil e a antiga metrópole europeia: os brasileiros não aceitariam o retorno do pacto colonial e a reconstrução do modelo político existente antes da chegada da família real ao país. Ainda que frágeis, havia indícios de unidade política entre nós.

Com base em elementos políticos, culturais e econômicos, formou-se aqui um certo sentimento de nacionalidade – um pouco na linha do nacionalismo universalizado pela Revolução Francesa – que logo converteu-se em ponto de partida para a construção da primeira unidade política de caráter brasileiro. Os interesses em torno da autonomia política, primeiro, e os eventos ligados à independência nacional, depois, criaram uma unidade política (de caráter parcial, ao contrário da unidade política defendida por Carl Schmitt) que perdurou até quando os conflitos em torno da ruptura com Portugal foram finalmente debelados. Superada esta fase, com a consolidação do Império, nasce uma forte unidade política, desta vez representada pela formação do Estado brasileiro, pois o Estado, afirma Carl Schmitt, assume a "condição de unidade política determinante"[53]. Mas como a construção da unidade política e da decisão que lhe é inerente deve ser observada perante o processo geral de organização do convívio humano?

No plano político, a construção da unidade e a estabilidade dela decorrente são quase que uma aspiração natural dos povos, pois a negação ou a inexistência de um sistema político unitário, qualquer que sejam sua configuração institucional ou os critérios por ele utilizados para legitimar-se, terminam negando a viabilidade ou a própria existência do modelo de domínio. Por isso, a unidade política se manifesta entre os antigos egípcios, durante o Império Romano, entre os monarcas absolutos ou

---

53. SCHMITT, C. *El concepto de lo político*. Op. cit., p. 75. Naturalmente, a referência que Schmitt faz ao Estado como unidade política está diretamente relacionada com o antagonismo amigo/inimigo e ao modo como o ente estatal surge a partir da decisão política fundamental.

mesmo no contexto das democracias posteriores à Segunda Guerra Mundial. Afinal de contas, um nível mínimo de unidade política, que varia segundo as particularidades de cada país (ou de cada fragmento [estados-membros, municípios, cantões, comunidades autônomas etc.] em que este é dividido), é inerente à estabilidade e ao exercício do poder. A unidade política, recorda-nos Carl Schmitt, deve ser "considerada em sua particular forma de existência"[54], ainda que ela, fugindo um pouco do pensamento schmittiano, não seja entendida nos marcos do antagonismo amigo/inimigo.

Nessa linha, toda unidade política é necessariamente responsável pela elaboração de uma decisão política fundamental, que define, com base na força das armas ou na vontade democrática, por exemplo, quais as normas estruturantes do regime e como deve ser exercido o poder político nesse contexto.

Devido à sua conexão com a própria existência do poder político, presente tanto nas sociedades arcaicas como no mundo global da informação informatizada, essa norma fundamental pode assumir muitas formas diferentes. Pode ser escrita, basear-se em costumes ou surgir de um fluxo revolucionário,

---

54. SCHMITT, C. *Teoría de la Constitución*. Madri: Alianza, 1992, p. 46.

pode conectar-se a aspectos religiosos ou à autoridade da vontade popular. A questão decisiva é que toda unidade política conduz a uma decisão política de caráter (fundamental) estruturante. Naturalmente, e devido à sua dependência em relação a fatores históricos concretos, a unidade política apresenta diferentes níveis de coesão. E por vezes a mesma unidade nacional possui mais de uma unidade política, que podem, em razão da sua própria natureza de núcleo político indissociável, converter-se nos grupos de amigos e inimigos mencionados por Carl Schmitt.

Quando nos referimos à organização da sociedade e às suas ligações com o universo político, qualquer menção à ideia de unidade deve ser feita com alguma precaução, pois uma das principais características dos indivíduos e dos agregados sociais é o pluralismo ou a pluralidade em suas mais diversas acepções. No final das contas, a identidade individual e suas inevitáveis particularidades também se manifestam no âmbito da convivência, pois esta é feita pelas pessoas e por suas recorrentes tentativas de autoafirmação. Tal conclusão ganha força na medida em que os indivíduos conseguem se afirmar como membros ativos da comunidade política, a exemplo do que ocorre nos regimes democráticos.

Entretanto, mesmo no quadro das ditaduras mais violentas, não se pode defender a inexistência de pluralidade social; talvez, quando muito, não haja uma esfera pública institucionalizada onde essa pluralidade possa manifestar-se adequadamente. Dito de outro modo, nos regimes autoritários a pluralidade social ou parte dela não podem ser exteriorizadas pelas pessoas em razão de restrições aos direitos fundamentais. É uma espécie de substituição da realidade por um cenário construído segundo a lógica de uma concreta ou aparente razão de Estado.

De qualquer forma, a unidade política, concebida como consenso geral (ou suficientemente amplo) acerca do domínio, é pressuposto necessário de todas as modalidades de organização do convívio social. Desde um ponto de vista geral, o processo de estruturação da vida em comunidade parte sempre de uma aceitação relativa (legitimidade) que deve contar com a adesão expressa ou tácita dos membros da comunidade política ou de parte deles. Nas ditaduras contemporâneas, o poder se sustenta na medida em que pelo menos os contingentes ligados às forças de segurança aceitam o regime e lhe conferem legitimidade (Martin Kriele), ou seja, sempre que existam os mecanismos necessários (normalmente a força [também a propaganda no século XX]) para impor o mando e preservar a incolumidade da unidade política.

No cenário das democracias contemporâneas, a unidade política também se faz presente, identificando-se, neste caso, com o conjunto dos indivíduos politicamente ativos (cidadãos) e com a sua concordância acerca do próprio regime democrático. Nestas modalidades de democracia, a unidade política gira em torno de dois aspectos. Em primeiro lugar, destacam-se o princípio democrático e a ideia dele decorrente de que o poder emana do povo e de que este deve tomar as decisões políticas concretas. Em segundo lugar, tais democracias não se baseiam apenas em uma dimensão procedimental: certa decisão é válida porque seguiu os procedimentos necessários para a sua aprovação. Elas também dependem de um dado conteúdo, de uma dimensão material vinculada àquilo que o povo, em um momento originário, anterior à feitura das leis, plasmou na Constituição.

Para Carl Schmitt, contudo, a unidade política é uma condição comunitária, um modo de ser ou de existir politicamente, que decorre da própria estrutura lógica do antagonismo amigo/inimigo, que não se filia a qualquer outro conteúdo, a não ser os elementos que identificam a posição do grupo político que consegue vencer o enfrentamento entre os grupos políticos rivais. A unidade política está ligada à dualidade amigo/inimigo porque o conflito político schmittiano invariavelmente vai redundar em um mesmo resultado, que consiste na supremacia de um dos grupos envolvidos no antagonismo político. A unidade política é a coesão que desponta com o fim do antagonismo amigo/inimigo.

Em um ambiente político concebido em termos democráticos, a figura do grupo político vencedor não elimina a existência política dos vencidos, que podem, conforme o caso, dedicar-se a fazer oposição àqueles que encontraram a vitória. No caso de Carl Schmitt, entretanto, não há espaço para a dialética política após o antagonismo amigo/inimigo, pois o grupo vencedor possui a prerrogativa de existir com total exclusividade e de expandir a sua composição, incorporando, se for o caso, membros de outros agrupamentos que decidam aderir ao seu ponto de vista político.

Desse modo, a unidade política, tida como momento posterior ao fim do antagonismo amigo/inimigo e responsável pela unificação política que está na base de qualquer tipo de Estado, é decorrência da ideia de que o antagonismo conduz a uma única visão acerca do modo como o domínio político vai se estruturar. Ao contrário do elemento voluntário e da pluralidade (mais ou menos presente, conforme os vários regimes políticos concretos) que caracterizam a unidade política em geral, para Carl Schmitt a unidade está conectada ou "pressupõe a possibilidade real do inimigo e, com ela, a existência simultânea de outras unidades políticas"[55]. Schmitt

---

55. Ibid., p. 75.

também nega a possibilidade de uma unidade política de caráter global, pois ela dependeria de um Estado mundial fundado em uma única base política, possibilidade que a história ainda não registrou, se é que terá condições de fazê-lo um dia.

No final das contas, a unidade política de Carl Schmitt pressupõe a *exclusão* para afastar aqueles que foram derrotados e não aderiram aos vencedores após o antagonismo e a *concórdia* para manter a coesão dos que deram forma à unidade enquanto tal. Não deve haver exclusão no âmbito da unidade política nem concórdia na fase de exclusão dos grupos políticos derrotados. Porém, a experiência humana tem demonstrado que ambos os fenômenos não conseguem existir de forma estanque e politicamente delimitada. O homem vive da concórdia e da exclusão simultaneamente.

Sétima lição

O conceito de Constituição

O fenômeno constitucional está no centro dos debates políticos desde a decapitação do Rei Carlos I, derrotado pelo Parlamento inglês na segunda metade do século XVII. De um modo ou de outro, as revoluções liberais tinham na conquista da Constituição e daquilo que ela representava (fundação de um novo tipo de domínio político [Estado Constitucional], limitação do poder e proteção dos direitos fundamentais) uma das suas principais motivações políticas. Afinal de contas, a Constituição situava-se nas antípodas do Antigo Regime em virtude da sua contraposição direta ao voluntarismo que caracterizava, em amplos setores, a atuação política do monarca absoluto. A Constituição entra em choque com o voluntarismo político porque impõe certos limites jurídicos, condizentes com as tendências racionalistas de então e com as decisões da nação, segundo as teses de Rousseau, para a atuação de um poder político que utilizava como guia principal a vontade do rei. Nos últimos tempos, sobretudo após a Segunda Guerra Mundial, a Constituição tem avançado como instrumento de controle do poder e realização da pessoa humana, o que a converte em elemento indispensável para a compreensão da Política contemporânea.

A Constituição ocupa um lugar bastante privilegiado no pensamento de Carl Schmitt. Isso ocorre, basicamente, por dois motivos. Em primeiro lugar, a Constituição é o receptáculo institucional que vai projetar juridicamente a decisão (fundamental) sobre o modo de ser político de um povo; a Constituição confere roupagem jurídico-política à decisão resultante do antagonismo amigo/inimigo. Dito de outro modo, a decisão política se identifica com o conteúdo a ser incorporado à Constituição, que passa a assumir, após a constitucionalização de tal conteúdo, a condição de norma jurídica fundamental. Feito isso, a decisão plasmada na Constituição só pode ser alterada ou substituída pela própria unidade política, haja ou não a necessidade, conforme o caso (permanência ou quebra da unidade), de se instaurar novamente o antagonismo amigo/inimigo. O segundo motivo se relaciona com a busca da estabilidade política ligada ao advento da Constituição, pois nenhuma sociedade teria condições de alcançar os seus objetivos se o conflito político fosse de fato permanente e o conteúdo da decisão sobre a qual se funda o domínio estivesse sujeito a constantes reformulações. Além desses dois motivos, algumas das principais discussões e eventos políticos ocorridos durante a República de Weimar, que influenciaram profundamente Carl Schmitt, tinham seu epicentro na Constituição alemã de 1919 e na impressão de que ela não representava o sentir do povo alemão.

O pensamento político de Carl Schmitt segue uma espécie de sequência teórica que tem seu ápice na formação de um Estado Constitucional concebido à maneira schmittiana. A primeira etapa de tal sequência é o antagonismo amigo/inimigo, que antecede a fase do conflito político responsável pela identificação do agrupamento vencedor. Posteriormente, a unidade política será formada por este agrupamento e por sua visão acerca do modo como o domínio político deve ser organizado, sem impedir, como vimos na lição anterior, que a totalidade ou parte dos agrupamentos vencidos no conflito político tenham a oportunidade de aderir a ela. Consolidada a unidade política, o próximo passo consiste na projeção da decisão política fundamental (o núcleo material que é resultado da unidade política) em um instrumento jurídico e político ao mesmo tempo, responsável pela construção das bases do Estado: a Constituição.

Por causa da sua conexão com o antagonismo amigo/inimigo, o conceito de Constituição de Carl Schmitt foge do arquétipo geral desenvolvido nos últimos trezentos anos, de acordo com o qual a Constituição é resultado da vontade democrática do povo e funciona como um sistema voltado para a limitação do poder e a realização do indivíduo. O conceito construído pelo autor alemão depende do antagonismo amigo/inimigo e de todas as suas consequências políticas e teóricas; a principal de tais consequências é que apenas uma parcela do corpo político participa da decisão. Nesse sentido, a Teoria da Constituição de Carl Schmitt subverte as bases do pensamento constitucional moderno, uma vez que, de acordo com ela, o Direito não possui qualquer prevalência sobre o fenômeno político. Na verdade, a Constituição não teria qualquer razão de ser, figurando como uma instância de reprodução da Política concebida nos termos do grupo vencedor, uma Constituição, enfim, alheia às ideias de integração política e tolerância.

Na sua *Teoria da Constituição*, uma das poucas obras schmittianas dotadas de verdadeiro caráter sistemático, o autor alemão desenvolve de forma clara o seu conceito de Constituição, compatível, como já afirmamos no parágrafo anterior, com as categorias denominadas antagonismo amigo/inimigo e unidade política. Ademais, Schmitt também faz uma ampla crítica às teorias constitucionais que não refletem a sua forma de compreender a Política, o Estado e o papel da Constituição. Vamos analisar os principais conceitos de Constituição tratados por Carl Schmitt, tentando destacar, dentro dos limites da presente coleção, os seus pontos de contato e as contradições com o modelo de Constituição que se impôs no mundo ocidental e que atualmente condiciona (ou tenta condicionar) o nosso modo de viver. Vamos começar pelo conceito absoluto de Constituição, pois a partir dele o pensamento constitucional de Carl Schmitt se torna um pouco mais claro, ainda que o autor alemão não considere tal conceito compatível com as suas concepções acerca do político.

O conceito absoluto de Constituição pode ser concebido de duas formas diferentes. A primeira delas coincide com "a concreta *maneira de ser* resultante de qualquer unidade política existente"[56]. Essa forma de compreender o conceito de Constituição assume três distintos significados:

a) A Constituição em sentido absoluto se identifica com "a concreta situação de conjunto da unidade política e ordenação social de um certo Estado"[57]. Neste caso, há uma completa identidade entre Estado e Constituição, inaugurando uma situação de dependência através da qual o Estado desaparece se cessar a sua Constituição. A Constituição não seria um sistema normati-

---

56. SCHMITT, C. *Teoría de la Constitución*. Op. cit., p. 30.

57. Ibid.

vo, mas o retrato do modo como o Estado, em quaisquer das suas manifestações históricas, efetivamente se estrutura. "O Estado *é* Constituição"[58].

b) A Constituição em sentido absoluto se impõe também como "uma maneira especial de ordenação política e social". Aqui a Constituição vai se identificar com o específico modo de ser do Estado, notadamente no que diz respeito às formas de governo (monarquia, aristocracia etc.). Com efeito, esta roupagem assumida pela Constituição em sentido absoluto se assemelha bastante ao mencionado no item "a", dele diferindo, contudo, devido à sua relação com um aspecto específico (a forma de governo) da organização política do Estado. Também nesta perspectiva a Constituição assume o conteúdo que o Estado vier a apresentar em determinado momento histórico, fazendo com que ela se submeta à força dos fatos político-existenciais.

c) De acordo com o terceiro significado, por fim, a Constituição é o mesmo que "o princípio do devenir dinâmico da unidade política, do fenômeno da continuamente renovada *formação e ereção* desta unidade a partir de uma *força*

---

58. Ibid.

e energia subjacente ou operante na base"[59]. A Constituição é concebida como uma espécie de princípio a partir do qual a integração ou a dinâmica das várias forças políticas ganham sentido. Trata-se de entendê-la como "o princípio ativo de um processo dinâmico de energias eficazes"[60].

A segunda forma de conceber o conceito absoluto de Constituição tem a ver com a sua posição como "*regulação legal fundamental*", ou seja, como "um *sistema de normas* supremas e últimas"[61]. Essa forma de entender a Constituição está diretamente relacionada com o modelo contemporâneo de Constituição, de acordo com o qual a Constituição assume a condição de sistema jurídico dotado de supremacia normativa. Isso quer dizer que a Constituição é a norma mais importante do ordenamento jurídico, posicionando-se, por exemplo, acima das leis aprovadas pelo parlamento. Este modelo entra em choque com a visão constitucional de Carl Schmitt porque situa o Direito em uma posição de prevalência em relação ao político, subvertendo por completo o sistema de organização da convivência que parte do antagonismo amigo/inimigo.

---

59. Ibid., p. 31.

60. Ibid., p. 32.

61. Ibid., p. 33.

Carl Schmitt também analisa e rejeita o conceito relativo de Constituição, segundo o qual a Constituição é entendida como sinônimo de lei constitucional. "Para este conceito formal – escreve Schmitt – é indiferente que a lei constitucional regule a organização da vontade estatal ou tenha qualquer outro conteúdo"[62]. Dito de outro modo, tudo aquilo que for plasmado na Constituição, esteja ou não relacionado com a estruturação da comunidade política ou do Estado, possui natureza constitucional. Para Schmitt, certamente o principal problema dessa compreensão relativa tem relação com a distância que pode vir a separar a lei constitucional do conflito político originário. Apenas a decisão política fundamental deve figurar na Constituição. E, segundo o conceito relativo ou formal de Constituição, qualquer tipo de conteúdo pode ser incorporado ao texto constitucional, ainda que ele não tenha relação com o modo de ser ou com a organização (a decisão política tomada pelo grupo que vence o antagonismo amigo/inimigo) política da sociedade.

O pensamento constitucional de Carl Schmitt se identifica com aquilo que ele denomina *conceito positivo* de Constituição, e que consiste, basicamente, em uma decisão do poder constituinte (poder de criar a Constituição) capaz de representar,

---

62. Ibid., p. 37.

de uma única vez, "a totalidade da unidade política considerada e sua particular forma de existência"[63]. Afinal, a Constituição representaria apenas uma etapa do processo de imposição da decisão política tomada pelo grupo político vencedor, submetendo o Direito à Política e deixando para trás toda a tradição inaugurada pelos antigos de que as leis devem reinar no lugar dos homens. Em outras palavras, a teoria constitucional de Carl Schmitt nega a existência de uma Constituição como instrumento democrático de organização da comunidade política, defendendo uma Constituição que não constituiria, que já nasceria constituída pela decisão política e que, por isso mesmo, não teria qualquer papel de relevo a desempenhar em uma democracia constitucional. Apesar disso, não podemos negar a coerência de Carl Schmitt quando expõe seu conceito de Constituição, elaborado como um verdadeiro instrumento de domínio e manutenção da decisão política decorrente do antagonismo amigo/inimigo. Sua Constituição, no século do nazismo e das armas de destruição em massa, por vezes atuou como certidão de nascimento dos regimes autoritários.

---

63. Ibid., p. 46.

Oitava lição
Democracia da identidade

Em princípio, a democracia é um regime político em que o povo é o fundamento do poder e o responsável pela tomada das decisões políticas. A partir desta concepção geral, muitos foram os esforços empreendidos no sentido de entender o governo do povo ou torná-lo mais ou menos viável, conforme o caso. Do conflito entre democracia direta (Rousseau) ou representativa (Madison) que caracterizou as discussões jurídico-políticas nos últimos duzentos anos, resultou o modelo de representação política, com suas inúmeras variantes, que caracteriza o regime democrático atual. No entanto, e apesar do consenso que gira em torno da democracia representativa, não são poucas as tentativas de aproximá-la de um modelo onde a vontade do povo se faça presente nas esferas de governo na maior medida possível. Não é à toa que há algumas décadas o pensamento político vem dedicando grande atenção aos modelos participativo e deliberativo de democracia. Com isso, trata-se de temperar a representação política tradicional com mecanismos efetivos de participação e influência popular no processo de tomada das decisões políticas.

A democracia da identidade analisada por Carl Schmitt é um esforço, de nítido conteúdo autoritário, vale a pena sublinhar, no sentido de conciliar o princípio da identidade entre governantes e governados com a necessidade de representação que se faz presente em qualquer modelo contemporâneo de domínio político, ainda que, nos termos do autor alemão, o povo só se configure como tal na medida em que estiver reunido e for capaz de aclamar[64]. Isto significa que Schmitt não acredita na possibilidade de o povo ser representado. Afinal de contas, escreve ele, o povo "não pode ser representado porque necessita estar presente, e só um ausente pode estar representado"[65]. O povo só se configura enquanto tal no momento da aclamação.

Antes de apontarmos as dificuldades que giram em torno da identidade entre governantes e governados e da impossibilidade de representação é importante entender o conceito de povo e a capacidade política que ele tem de manifestar publicamente a sua vontade. Também é relevante lembrar que à primeira vista, em virtude da força dos interesses individuais, a posição de uma pessoa isolada

---

64. SCHMITT, C. *Teoría de la Constitución*. Op. cit., p. 238.
65. Ibid.

de fato pode desligar-se do interesse público e ser carente de conteúdo político, pois sua conduta não é objeto de fiscalização, não depende da discussão pública para formar-se, não representa os valores e a vontade popular da comunidade política etc.

O tema da aclamação e da sua conexão com a vontade popular torna clara a aparente contradição entre o conceito de identidade e a representação política. Schmitt sustenta a ideia de que o povo enquanto magnitude política permanece atuando mesmo após a criação da Constituição e da ordem jurídica como um todo, conclusão compatível com a possibilidade permanente de desencadeamento do antagonismo amigo/inimigo (na linha da possibilidade politicamente aceitável de substituição de qualquer ordem constitucional quando assim decida o povo). Isto é válido desde que as condições políticas necessárias para tanto estejam presentes.

Sendo assim, o papel político permanente do povo, que, nas modernas democracias, constitui verdadeira pedra de toque, não é negado por Carl Schmitt. O problema da sua perspectiva é a ligação entre a vontade popular, ou melhor, entre o próprio conceito de povo e a capacidade que este mesmo povo tem de aclamar: "Só o povo presente verdadeiramente reunido é povo e produz o público"[66].

---

66. Ibid.

Com isso, ainda que não o faça expressamente, Schmitt está afirmando que apenas o processo de aclamação pode desencadear o antagonismo amigo/inimigo, pois o conflito político, quando da sua eclosão, não estabelece qualquer distinção entre governantes e governados; ainda não há governo, só povo. E o antagonismo nem sempre é resultado da aclamação, o que revela uma forte contradição no pensamento político de Carl Schmitt.

Em Carl Schmitt, a relação entre o conceito de povo e a aclamação reside na compreensão do autor alemão acerca do público e do privado. Exclamar significa "expressar por simples gritos seu assentimento ou recusa, gritar 'viva' ou 'morra', festejar um chefe ou uma proposição, vitoriar o rei ou qualquer outro, ou negar a aclamação com o silêncio ou murmúrios"[67]. A aclamação representaria a atuação pública, a expressão da vontade ou do interesse público do povo. Por outro lado, demonstrando sua incompatibilidade com o modelo liberal de democracia – que ainda oferece as bases para os regimes democráticos atuais –, Schmitt afirma que o voto secreto não constitui um comportamento político de fato, pois o eleitor, no momento de votar secretamente, não expressa mais do que os seus próprios interesses privados. Naturalmente, tal

---

67. Ibid.

conclusão pressupõe a completa incapacidade de o indivíduo manifestar-se politicamente por seus próprios meios, alheio à vontade das multidões, o que impossibilitaria, sem sombra de dúvida, a divisão política em grupos de amigos e inimigos proposta pelo autor alemão.

Schmitt tenta incompatibilizar dois elementos que dependem um do outro: a identidade política que fundamenta sua ideia de democracia e a representação política. A conexão ou identidade entre governantes e governados depende de uma certa lógica encontrada no mandado imperativo, uma vez que o governante não pode se desligar daquilo que lhe é determinado pela decisão política fundamental, que, por sua vez, é resultado direto da incidência da vontade do povo mobilizado em torno do antagonismo amigo/inimigo. Naturalmente, o governante tem espaço para decidir e governar sem depender da autorização política dos representados. Contudo, a manutenção da identidade entre governantes e governados está necessariamente ligada à compatibilidade entre a vontade do povo (o grupo vencedor do antagonismo) convertida em decisão política e as decisões do governo. Não sendo assim, segundo a própria lógica política schmittiana, o cenário está pronto para a deflagração de um novo antagonismo amigo/inimigo.

Schmitt afirma textualmente que a democracia deve ser entendida através da sua relação com a unidade política. Na verdade, para o autor alemão a "democracia é uma forma política que corresponde ao princípio da identidade (quer dizer, identidade do povo em sua existência concreta consigo mesmo como unidade política)"[68]. Isso significa que a teoria da democracia de Carl Schmitt só tem sentido quando acoplada aos resultados concretos do antagonismo amigo/inimigo. A superação do conflito pressupõe a formação da unidade política, integrada, como ressaltamos na Sexta lição, pelos indivíduos e grupos políticos que se identificam com a perspectiva política do grupo vencedor do antagonismo ou daqueles que aderiram a ela. O povo que está na base do conceito de democracia de Carl Schmitt depende da identidade existente entre os membros da unidade política, o que pressupõe a exclusão de todos aqueles que não se identifiquem com a visão política consagrada com o término do antagonismo. A existência concreta a que Schmitt faz referência se resume ao povo que resultou vencedor do enfrentamento político. E a igualdade que daí resulta é o alicerce, por exemplo, da igualdade perante a lei, do sufrágio universal, da igualdade no acesso aos cargos públicos etc.[69]

A fórmula da identidade democrática também estabelece um nexo político entre os governantes

---

68. Ibid., p. 221.

69. Ibid., p. 225.

e os governados. Quer dizer, para Carl Schmitt a democracia envolve a "identidade de dominadores e dominados, de governantes e governados, dos que mandam e dos que obedecem"[70]. A democracia da identidade pressupõe que os governantes e os governados façam parte de um mesmo núcleo político material, que tenham a mesma visão acerca da estruturação da vida em comunidade, identidade que parte do conceito tradicional de nação – "ideias de raça, de fé comuns, de destino e tradição comuns"[71] –, mas que assume contornos mais radicais devido à relação de dependência que mantém com o antagonismo amigo/inimigo. Estes contornos radicais se impõem porque o fato de o indivíduo ser parte de uma nação não lhe assegura, em termos de identidade, a condição de cidadão apto para exercer as prerrogativas da cidadania na democracia da identidade. É necessário que a identidade que o une aos demais membros da comunidade política desponte no contexto da decisão política fundamental tomada por quem preponderou no antagonismo político. A identidade entre governantes e governados é também a identidade deles todos com a decisão política fundamental.

---

70. SCHMITT, C. *Sobre el parlamentarismo*. 2. ed. Madri: Tecnos, p. 18.

71. SCHMITT, C. *Teoría de la Constitución*. Op. cit., p. 224.

Essa identidade entre governantes e governados produz uma forte legitimação do poder político. Isso ocorre na medida em que os atos praticados pelos primeiros, desde que compatíveis com a decisão política plasmada na Constituição e projetada na ordem jurídica, produzem imediata adesão entre os segundos. Afinal de contas, a referida decisão constitui ou deve constituir um mero desdobramento da decisão política tomada por aqueles que venceram o conflito, e os governados são parte do grupo político vencedor. Além disso, o governante ou soberano decidem acerca do estado de exceção, podendo deixar de lado, de acordo com a lógica schmittiana, a ordem jurídica que decorre do enfrentamento político.

Se quisermos preservar a coerência do pensamento de Schmitt neste caso, temos dois caminhos a seguir. No primeiro deles, o soberano age como uma força política sempre viva e dotada do poder de se impor devido à sua capacidade de vencer o conflito político no caso de este ser instaurado. Segundo este caminho, o antagonismo amigo/inimigo pode ser visto como algo concreto ou *potencial*. Há um aspecto fático-político em questão. A outra forma de pensar sobre este caso está ligada ao fato de esta possibilidade estar sempre presente no âmbito da decisão política fundamental; é como se fosse uma espécie de pressuposto da própria decisão política fundamental: ela sempre pode ser desfeita por uma força política capaz de dar origem e vencer o antagonismo, ainda que este não venha a ser desencadeado e vencido. Aqui é o aspecto político-normativo que está em jogo.

Finalmente, podemos afirmar que a democracia da identidade de Carl Schmitt representa uma realidade que não tem sentido no âmbito do Estado Constitucional: democracia apenas para parte da comunidade política. Em razão disso, para os valores políticos de hoje a democracia da identidade representa a negação do convívio democrático.

Nona lição

O soberano e o caso excepcional[72]

Nos últimos cinco séculos, os conflitos políticos, as conquistas jurídicas, a estruturação do Estado Moderno, tudo aquilo que se relaciona com a organização da vida social esteve ao lado do conceito de soberania. Inicialmente, a soberania se impõe como um atributo do Estado que lhe confere a força necessária para impor um domínio político minimamente centralizado. O poder central do moderno Estado Nacional gira em torno do monarca absoluto e dos inúmeros conflitos que este enfrentou para consolidar o seu poder e exercê-lo sem contestação, o que, na prática, foi negado pela experiência histórica, como, aliás, costuma ocorrer em relação às pretensões de domínio absoluto que tantas vezes assolaram o desenvolvimento dos povos. Em torno

---

72. As Lições nona e décima possuem natureza complementar, pois estão baseadas em uma mesma obra de Carl Schmitt: *Teologia política* (1922), e correspondem, basicamente, aos seus capítulos primeiro e terceiro.

da soberania, esteve sempre a discussão acerca de quem deveria ser o seu titular e qual seria o verdadeiro alcance do seu poder. Após a queda dos monarcas legitimados por Deus, símbolos da centralização política pouco a pouco construída durante o Antigo Regime, o povo se levanta das revoluções liberais para ocupar o seu lugar como soberano político. A figura do povo soberano, que semeia o imaginário político durante a Revolução Francesa (1789) e a Independência dos Estados Unidos (1776), é o principal alicerce da ideia de democracia.

A relação entre soberania e democracia é o ponto central da construção schmittiana sobre o papel do soberano perante o caso excepcional, devendo-se ressaltar, contudo, que tal relação assume uma clara dimensão negativa desde o princípio: a compreensão da soberania e da sua titularidade não depende da ideia de que o povo (nos moldes concebidos atualmente) deve legitimar o poder político. Em Carl Schmitt, a soberania é incompatível com a democracia (inclusive com a própria democracia da identidade) porque a necessidade de decidir ante os casos excepcionais não pode contar nem com a participação do povo, que só se projeta como tal quando está em condições de aclamar (Oitava lição), nem com a decisão fundamental plasmada na Constituição. Neste último caso, a ordem constitucional representa a normalidade que precisa e fatalmente vai ser quebrada pela urgência que envolve o caso excepcional. Isso quer dizer que Schmitt fecha os olhos para a tradição do Estado Constitucional, que situa o povo como o único titular da soberania e fonte por excelência para que o poder político seja aceito pelas pessoas. Seu ponto de vista sobre a questão, diretamente influenciado pela teoria do antagonismo amigo/inimigo, pode ser sintetizado por meio da frase com a qual ele abre a sua *Teologia política*: "Soberano é aquele que decide sobre o estado de exceção"[73].

O conceito de soberania é considerado como um conceito limite pelo fato de pertencer "à órbita mais extrema"[74]. Mas o que isto quer dizer? De acordo com Carl Schmitt, é importante ressaltar, a soberania está ligada ao poder de romper as normas estabelecidas em uma dada comunidade política em razão de um fato extraordinário ou excepcional. O limite a que Schmitt se refere pode significar a última barreira entre o Estado Constitucional e a situação de anomia típica do ambiente político em que se desencadeia o antagonismo amigo/inimigo. É o limite que marca a existência ou não do Estado Constitucional. O caso excepcional não pode ser previsto pela ordem jurídica, pois, do contrário, esta mesma ordem provavelmente traria uma

---

73. SCHMITT, C. "Teologia política". *Estudios políticos*. Madri: Doncel, 1975, p. 35.

74. Ibid.

solução normativa capaz de superá-lo, a exemplo do que acontece com os casos que deflagram os estados de exceção e de sítio no Brasil. Entre nós, há situações excepcionais que a Constituição prevê e que, para assegurar a continuidade da ordem jurídica e do próprio Estado Constitucional, justificam a flexibilização de determinadas disposições da própria Constituição. Noutra linha, o caso excepcional de Carl Schmitt pertence ao mundo dos fatos não previstos pelo Direito, apesar de o nosso autor estabelecer uma necessária vinculação entre a validade da norma jurídica e a normalidade política, pois a primeira não poderia existir sem a segunda[75].

Sob os argumentos de Schmitt, há uma crítica direta à compreensão do Direito e do Estado desenvolvida durante o período liberal, uma vez que os liberais escondiam a realidade e a Política como um todo atrás de uma cortina de fumaça representada pelo formalismo jurídico e pela prevalência artificial da lei produzida pelo parlamento. A lei representaria toda a realidade. Por isso, a existência de uma situação excepcional não prevista pelos autores dos códigos e das leis, ainda que fosse capaz de justificar uma atuação política não prevista pelo sistema, afrontaria diretamente a essência do Estado de Direito clássico. Ante o caso excepcio-

---

75. Ibid., p. 43.

nal, "o pressuposto e o conteúdo da competência são [...] necessariamente ilimitados"[76]. Neste caso, é visível a ligação com a lógica que permeia o antagonismo amigo/inimigo, pois Schmitt remete o problema da soberania para um cenário de exercício ilimitado de poder, um contexto de natureza potencialmente constitutiva, onde uma decisão ou sistema jurídico parcial vão ser criados com a finalidade de solucionar um dado problema de acordo com a perspectiva daquele que detém o poder de decidir sobre o caso excepcional, mas também, se for o caso, de participar do antagonismo amigo/inimigo e dele sair vencedor.

Numa certa altura da sua *Teologia política*, Schmitt faz um desvio em direção à análise do art. 48 da Constituição de Weimar (1919), que tinha como objeto, basicamente, a previsão de poderes extraordinários que deveriam ser exercidos pelo presidente do *Reich*, quando necessário, sob a supervisão do parlamento. Schmitt afirma que os poderes que o art. 48 atribui ao presidente do *Reich* e o controle a que se submete sua atuação é um típico instrumento do Estado de Direito. Contudo, não fosse o sistema de controle, o referido art. 48 realmente poderia ter dado origem ao verdadeiro exercício do poder soberano: "o conteúdo do art.

---

76. Ibid., p. 37.

48 [...] outorga realmente plenos poderes, de tal maneira que, se se pudesse exercer sem controle algum, equivaleria a haver outorgado a soberania"[77]. Porém, como ressalta o próprio Schmitt, o controle exercido pelo parlamento torna as prerrogativas do art. 48 incompatíveis com o conceito de soberania, pois a decisão sobre o caso excepcional estaria sempre dividida entre a vontade do presidente e a avaliação do parlamento sobre a sua conveniência e oportunidade.

Pode-se interpretar esta conclusão de duas formas distintas. Na primeira delas, Schmitt entende que o referido art. 48 realmente atribuía plenos poderes ao presidente do *Reich*, a tal ponto que todas as prerrogativas do Estado de Direito recairiam exclusivamente sobre ele. A segunda forma de entender a questão consiste em observar uma contradição no pensamento de Carl Schmitt, pois o antagonismo amigo/inimigo originário só pode ser desencadeado de forma unitária, ou seja, como instrumento para a reconstrução de uma unidade política responsável por uma decisão plasmada em uma nova Constituição. De acordo com este ponto de vista, o antagonismo amigo/inimigo parcial, não voltado, por exemplo, para a criação de uma nova forma de organização da comunidade política

---

77. Ibid., p. 41.

não seria possível. Em um primeiro momento, não haveria a possibilidade de se desencadear o antagonismo amigo/inimigo a partir de uma prerrogativa nascida a partir da Constituição. Mas podemos encontrar uma saída para este dilema. Pode ser que o titular do poder de tomar a decisão política se identifique com o grupo político mais forte e que o modo de este grupo compreender a realidade política seja aproveitar as bases institucionais existentes para impor o seu domínio.

Carl Schmitt também escreve que, "ante um caso excepcional, o Estado suspende o Direito em virtude do direito à própria conservação"[78]. Esta afirmação é totalmente compatível com a ideia de que o Estado Constitucional deve contar com um sistema para a proteção da normalidade jurídica e política, a exemplo do caso brasileiro a que antes fizemos referência. No entanto, Schmitt afirma que a soberania reside naquele que tem a força para decidir sobre o caso excepcional. E tal conclusão nos remete muito mais para o campo do poder político do que para o âmbito estatal propriamente dito, pois a decisão acerca de uma situação excepcional pode partir do Estado ou de alguma força política externa a ele, na linha dos golpes de Estado e das revoluções que a história tantas vezes já registrou.

---

78. Ibid., p. 42.

Essa diferenciação entre o político e o estatal é importante porque nos permite concluir que Schmitt admite um poder soberano à margem do Estado constituído, ainda que esta soberania não institucionalizada, muito mais próxima de uma espécie de poder de fato, nos passos do antagonismo amigo/inimigo, do que de um poder reconhecido pela Constituição, seja provisória e sempre direcionada para a formação do Estado. E a distinção entre o político e o estatal é possível em Carl Schmitt por causa da prevalência cronológica e existencial do antagonismo amigo/inimigo sobre a decisão política e a criação da figura estatal. A soberania, todavia, não se sustenta fora do ambiente estatal. Em Carl Schmitt, porém, ela pode antecedê-lo, pois o fenômeno político, em sua máxima força constitutiva, é essencialmente anterior ao estatal.

Para Carl Schmitt, finalmente, o soberano, aquele que decide sobre o caso excepcional, impõe-se como vencedor do antagonismo amigo/inimigo, representa a unidade política, impõe a decisão fundamental, uma nova Constituição (ou aproveita a antiga) e regressa à normalidade constitucional.

Décima lição
Teologia política

Até mesmo Deus sucumbe ante as ambições e pretensões políticas do homem, o Deus transformado em objeto, convertido em elemento do discurso político, sujeito, portanto, a instrumentalizações que podem incorporar todo tipo de relativismo ético.

Aparentemente, a utilização da imagem de Deus como mecanismo de organização da sociedade mergulhou em decadência juntamente com o modo de vida medieval, dando origem, a partir de então, à necessidade de se encontrar novos mecanismos de legitimação da Política e organização da *polis*. Porém, o Deus medieval não morreu, manifestando-se ainda, com vigor renovado, nas guerras de religião do século XVI e nas teorias que defendiam o poder absoluto dos monarcas de origem divina. Gradativamente, contudo, o teocentrismo medieval deixa de condicionar a existência das pessoas. Isso não ocorre por força de transformações ditadas pela Igreja ou por uma mudança repentina no comportamento social.

A decadência do teocentrismo é resultado de um amplo leque de fatores. E grande parte deles está ligada a lentas alterações nas estruturas sociais, culturais e políticas, que se estendem, por exemplo, desde a expansão das cidades até o advento da centralização do poder político. Mas toda essa decadência dá origem a um problema cuja resolução afetou sensivelmente o desenvolvimento da sociedade moderna: a substituição de Deus como núcleo da existência social humana.

Atento a tudo isso, e "evocando a sempre necessária remissão da decisão à mediação, ou seja, a sempre necessária remissão da Política à Teologia e da Teologia à sua secularizada tradução na Política"[79], ressalta Carl Schmitt que "todos os conceitos relevantes da moderna Teoria do Estado são conceitos teológicos secularizados"[80]. Isso significa, basicamente, que alguns dos conceitos ligados à compreensão e ao funcionamento do Estado assumiram o caráter sacramental típico, *v.g.*, das categorias teológico-políticas que conferiam identidade às estruturas de domínio medievais. Schmitt ilustra esta perspectiva na medida em que menciona a conversão do Deus onipotente no legislador to-

---

79. SÁ, A.F. "O conceito de Teologia política no pensamento de Carl Schmitt". *Revista Filosófica de Coimbra*, n. 26, 2004, p. 421. Coimbra.

80. SCHMITT, C. "Teologia política". Op. cit., p. 65.

do-poderoso ou mesmo a atuação do Estado como *Deus ex machina*[81].

Tais comparações situam-se no plano simbólico responsável pela legitimação do poder político. Afinal de contas, a superação do Antigo Regime pelo Estado Constitucional e seu princípio democrático ocorreu, superados os períodos revolucionários, de forma gradativa e com muitos interregnos. Isso de fato tornou necessário que o elemento democrático tomasse para si a estrutura semântica antes utilizada pelos princípios teológicos. Aliás, a dimensão simbólica do poder político e a autoridade das categorias epistemológicas ligadas a ele durante a era moderna dependiam, no plano histórico, dessa conexão com os princípios teológicos. Apenas a participação política concreta, nos moldes vivenciados por alguns regimes democráticos atuais (Europa Ocidental, Brasil, Estados Unidos etc.), seria capaz de superar, ainda que não por completo, os vestígios teológicos de alguns dos mais importantes pilares políticos da era moderna, a exemplo do conceito de poder constituinte (o poder de criar uma Constituição) e da função estatal de transformar a sociedade.

O problema do caso excepcional continua ocupando o pensamento de Carl Schmitt quando da

---

81. Ibid., p. 65 e 67.

análise da relação entre a Teologia política e os conceitos da Teoria do Estado, sobretudo quando ele menciona o paralelo entre o fato excepcional e o milagre. Neste caso, trata-se de tomar o milagre ou a exceção como quebras da ordem estabelecida, necessárias, conforme o caso, para que se possa melhor entender o sentido da normalidade ou da ordem existente. Nessa linha, afirma Schmitt que "uma filosofia da vida concreta não pode bater em retirada ante o excepcional e ante o caso extremo. Ao contrário, é preciso dedicar a ambos todo o seu estudo e empenho"[82]. Ele também ressalta que "o normal nada prova; a exceção, tudo; não só confirma a regra; esta vive daquela"[83]. Apesar de tais considerações, Schmitt não analisa por que o caso excepcional possui tal valor como instrumento de compreensão da realidade. À primeira vista, contudo, a interpretação do autor alemão parece nos conduzir para algum tipo de conclusão voltada para o contraste ou para o raciocínio negativo. Dito de outro modo, a exceção nos ajudaria a entender a realidade porque seria um bom exemplo daquilo que ela não é. Mas como o racionalismo moderno-iluminista incorporou a influência desses elementos teológico-políticos?

---

82. Ibid., p. 45.

83. Ibid.

Tomando o Estado de Direito como base, o autor alemão afirma que o racionalismo não admite o caso excepcional[84], apesar de não ser estranho à influência que lhe chegou do pensamento teológico. De fato, como nos recorda o próprio Schmitt, "o racionalismo do século XVIII cifrava o ideal da vida política neste princípio: 'Imiter les decrets immuables de la Divinité'. Em Rousseau, de cujo trabalho sobre a Economia Política procede esta máxima, é tão evidente a redução dos conceitos teológicos a conceitos políticos que a nenhum dos que lhe conhecem bem isso pôde passar inadvertido"[85]. Na verdade, o fato de o racionalismo haver se apropriado de elementos de raízes teológicas, como apontado anteriormente, talvez não seja incompatível com sua aversão ao excepcional. Para dizer a verdade, a teologização de alguns dos seus conceitos jurídicos e políticos reforça esse distanciamento em relação ao excepcional. Afinal, o caráter sacramental da ordem jurídica e política torna muito mais difícil admitir qualquer nível de relativização presente na figura da excepcionalidade. A quebra da ordem jurídica seria o mesmo que profanar o sagrado e convertê-lo em um fato comum, desprovido da dimensão simbólica que confere

---

84. Ibid., p. 65 e 66.

85. Ibid., p. 75.

parte da legitimidade de que necessita o sistema para se impor como tal.

Conclusões

A obra de Carl Schmitt, na linha do que acontece com os autores clássicos em geral, está em constante transformação. Isso significa que, a cada leitura dos textos schmittianos, novos matizes podem ser descobertos pelos estudiosos, tendência que se enriquece pelo fato de as mudanças históricas, sobretudo nos campos social, jurídico e político, exigirem que a obra permanentemente dê algo mais de si mesma ou inicie seu penoso caminho para o ostracismo. Por causa disso, e apesar de algumas conclusões sobre as ideias de Carl Schmitt repousarem sobre certos níveis de consenso – a exemplo do seu caráter autoritário ou do elemento decisionista por trás do conceito do político –, grande parte das conclusões acerca do seu pensamento possuem elementos de caráter provisório. Os textos clássicos, vale a pena ressaltar, estão em constante diálogo com o tempo. Em razão disso, tendo os problemas deste início de século como referência, resolvemos enumerar, a título de ilustração, algumas das várias conclusões a que pudemos chegar após a elaboração destas 10 lições sobre Carl Schmitt:

1) O pensamento de Carl Schmitt, um forte contraponto ao Estado Liberal, é avesso à irresolução que às vezes pode resultar de um sistema político com problemas de autoridade (legitimidade), e nos recorda, mesmo que de forma reflexa, que as soluções para as crises institucionais nem sempre são melhores do que elas.

2) A era do conhecimento técnico na qual mergulhou o mundo ocidental a partir do século XIX é uma falácia quando afirmamos que seu núcleo é a neutralidade e que o conhecimento servirá sempre para o progresso da humanidade, pois a técnica, em razão precisamente do seu vazio material, pode ser utilizada para alcançar quaisquer objetivos políticos ou de outra natureza.

3) O critério que Schmitt utiliza para identificar o fenômeno político, o antagonismo entre amigos e inimigos, parte de uma perspectiva antropológica pessimista, que vê no homem uma criatura naturalmente voltada para o conflito, realidade, com as ponderações que devem ser feitas por causa das características da nossa atualidade, que de fato se manifesta com toda a força no dia a dia político dos povos.

4) O antagonismo amigo/inimigo é incompatível com o Estado Constitucional – o modelo de Estado democrático sob o qual vivemos hoje –

porque não permite que as pessoas e os grupos envolvidos no processo político sejam capazes de expressar o seu pensamento e identificar a linha política (o grupo a seguir) na qual devem se inserir.

5) O antagonismo amigo/inimigo é inconciliável com a ideia de Constituição, pois a legitimidade democrática, a potencial participação de todos os membros da comunidade política na formação do interesse e das decisões públicas, integra o núcleo duro do Estado Constitucional.

6) O conceito de unidade política construído por Carl Schmitt é uma das consequências do antagonismo amigo/inimigo, razão pela qual sua aplicação concreta redundaria no princípio da exclusão política que permeia toda a obra do autor alemão.

7) A democracia da identidade proposta por Carl Schmitt é inviável porque depende da identidade total entre governantes e governados, o que pressupõe, entre outros fatores, a exclusão daqueles que não participem dessa identidade; a identidade schmittiana tem direta ligação com a negação de todas as manifestações de pluralismo, essência do modelo democrático adotado pelo Estado Constitucional contemporâneo.

8) Sua Teoria da Constituição não se encaixa nos padrões do Estado Constitucional contemporâneo, pois é resultado de uma decisão política tomada por um grupo que a impõe através de quaisquer meios, servindo, todavia, como alerta para as repetidas vezes em que a Constituição é atacada pelo poder político com o objetivo de impor interesses meramente partidários e conjunturais.

9) Sua teoria acerca da soberania, apesar da vinculação que o decisionismo mantém com a validade das normas jurídicas, possui natureza fática, o que a remete, com não poucas contradições, para o plano do antagonismo amigo/inimigo.

Referências

ALMEIDA FILHO, A. "Carl Schmitt e o antagonismo político". *Novo manual de Ciência Política*. São Paulo: Malheiros, 2008.

_____. *Fundamentos do Direito Constitucional*. Rio de Janeiro: Forense, 2007.

ARANGUREN, J.L.L. *Ética y Política*. Madri: Guadarrama, 1968.

ARTETA, A. "Moral y Política". *Teoría Política*: poder, moral, democracia. Madri: Alianza, 2003.

BARROS, V.S. *10 lições sobre Maquiavel*. 3. ed. Petrópolis: Vozes, 2012.

_____. *Introdução a Maquiavel*: uma teoria do Estado ou uma teoria do poder? Campinas: Edicamp, 2004.

CRANSTON, M. "Política e Ética". *O Estudo da Política*. Brasília: UnB, 1980.

GONZÁLEZ CUEVAS, P.C. *La tradición bloqueada* – Tres ideas políticas en España: el primer Ramiro de Maeztu, Charles Mauras y Carl Schmitt. Madri: Biblioteca Nueva, 2002.

HABERMAS, J. *Más allá del Estado nacional*. Madri: Trotta, 1997.

HERRERO LÓPEZ, M. *El nomos y lo político*: la Filosofía Política de Carl Schmitt. Pamplona: Eunsa, 1997.

MACEDO JÚNIOR, R.P. *Carl Schmitt e a fundamentação do Direito*. São Paulo: Max Limonad, 2001.

MAQUIAVEL, N. *O príncipe*. 3. ed. São Paulo: Martins Fontes, 2004.

MONCADA, L.C. *Problemas de Filosofia Política*. Coimbra: Armênio Amado, Editor sucessor, 1963.

RUSSELL, B. *História da Filosofia Ocidental*. 3. ed. São Paulo: Companhia Editora Nacional, livro quarto, 1969.

SÁ, A.F. "O conceito de Teologia política no pensamento de Carl Schmitt". *Revista Filosófica de Coimbra*, n. 26, 2004. Coimbra.

SCHMITT, C. *El concepto de lo político*. Madri: Alianza, 1999.

_____. *Sobre el parlamentarismo*. 2. ed. Madri: Tecnos, 1996.

_____. *Hamlet o Hécuba*: la irrupción del tiempo en el drama. Valência: Pre-Textos, 1993.

_____. *Teoría de la Constitución*. Madri: Alianza, 1992.

_____. "Teologia política". *Estudios Políticos*. Madri: Doncel, 1975.

VOLTAIRE. *Cândido ou o otimismo*. Porto Alegre: L&PM, 1998, p. 15.

COLEÇÃO 10 LIÇÕES
Coordenador: *Flamarion Tavares Leite*

– *10 lições sobre Kant*
Flamarion Tavares Leite
– *10 lições sobre Marx*
Fernando Magalhães
– *10 lições sobre Maquiavel*
Vinícius Soares de Campos Barros
– *10 lições sobre Bodin*
Alberto Ribeiro G. de Barros
– *10 lições sobre Hegel*
Deyve Redyson
– *10 lições sobre Schopenhauer*
Fernando J.S. Monteiro
– *10 lições sobre Santo Agostinho*
Marcos Roberto Nunes Costa
– *10 lições sobre Foucault*
André Constantino Yazbek
– *10 lições sobre Rousseau*
Rômulo de Araújo Lima
– *10 lições sobre Hannah Arendt*
Luciano Oliveira
– *10 lições sobre Hume*
Marconi Pequeno
– *10 lições sobre Carl Schmitt*
Agassiz Almeida Filho
– *10 lições sobre Hobbes*
Fernando Magalhães
– *10 lições sobre Heidegger*
Roberto S. Kahlmeyer-Mertens
– *10 lições sobre Walter Benjamin*
Renato Franco
– *10 lições sobre Adorno*
Antonio Zuin, Bruno Pucci e Luiz Nabuco Lastoria
– *10 lições sobre Leibniz*
André Chagas
– *10 lições sobre Max Weber*
Luciano Albino
– *10 lições sobre Bobbio*
Giuseppe Tosi

- *10 lições sobre Luhmann*
  Artur Stamford da Silva
- *10 lições sobre Fichte*
  Danilo Vaz-Curado R.M. Costa
- *10 lições sobre Gadamer*
  Roberto S. Kahlmeyer-Mertens
- *10 lições sobre Horkheimer*
  Ari Fernando Maia, Divino José da Silva e Sinésio Ferraz Bueno
- *10 lições sobre Wittgenstein*
  Gerson Francisco de Arruda Júnior
- *10 lições sobre Nietzsche*
  João Evangelista Tude de Melo Neto
- *10 lições sobre Pascal*
  Ricardo Vinícius Ibañez Mantovani
- *10 lições sobre Sloterdijk*
  Paulo Ghiraldelli Júnior
- *10 lições sobre Bourdieu*
  José Marciano Monteiro
- *10 lições sobre Merleau-Ponty*
  Iraquitan de Oliveira Caminha
- *10 lições sobre Rawls*
  Newton de Oliveira Lima
- *10 lições sobre Sócrates*
  Paulo Ghiraldelli Júnior